国家级非物质文化遗产

传统
华佗五禽戏
26式

周金钟 修海燕 编著

CHUAN TONG
HUA TUOWU QIN XI
26 SHI

人民体育出版社

传承篇（师徒情）

周金钟华佗五禽戏掌门人证书，修海燕华佗五禽戏传承弟子证书

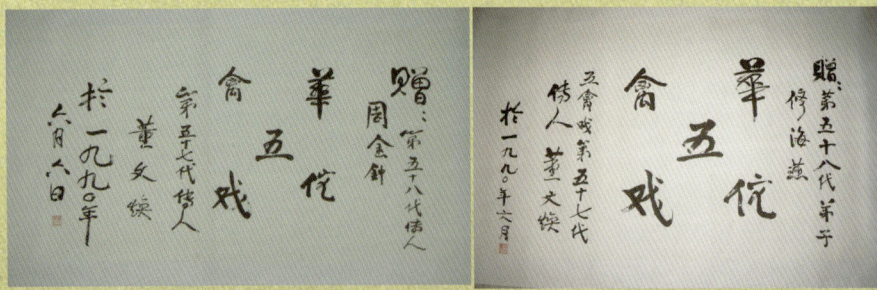

恩师手札

嫡系真传，安徽省文化厅任命周金钟为省级非物质文化遗产代表性传承人

华佗五禽戏第58代掌门人周金钟先生收徒仪式

王伟先生拜师仪式

刘汇丰拜师留念

师徒情

领导关怀篇

作者与国家体育总局健身气功管理中心常建平主任、健身气功管理中心党委书记黄凌海同志在第五届华佗五禽戏养生健身节上合影

作者与亳州市委书记汪一光同志、蒙城孔祥永县长、房产局牟林副局长、国土资源局张吉明副局长合影

作者与国家健身气功管理中心常建平主任、亳州市委常委、市委秘书长王玉玺同志在华祖庵合影

2010上海世博会上作者与时任安徽省文化厅杨果厅长合影

2015全国职业院校学生技术技能创新成果交流赛上教育部副部长鲁昕观看五禽戏表演时向作者了解非物质文化遗产进校园情况

安徽省体育局陈海军副局长、省社体中心王勇主任、亳州市体育局张培阳局长来华佗五禽戏基地调研

2014年全国武术推广与科研战略发展研讨会上作者与国家体育总局武术运动管理中心高小军主任、陈国荣副主任合影

作者与亳州市人大常务副主任李伟同志、市政府副市长侯化同志、市政协副主席宋峰合影

作者与安徽省贸促会巡视员刘晓光先生、弟子怀凯合影

作者与亳州市政府郭祖彬副秘书长、市文化旅游局怀颖局长合影

亳州市体育局副局长曹芳文同志、副调研员张焱同志来俱乐部调研受到作者热情接待

作者与中国中医药科技开发交流中心、国家中医药管理局人才交流中心主任黄晖同志及弟子王鹏、葛素勤合影

非物质文化遗产传承人与省文化厅非物质文化遗产处左金刚主任、亳州市政协龚艳玲副主席、宣传部张弘副部长、文旅局王占峰副局长、王志刚科长合影

2015年1月，安徽省体育局陈海军副局长到华佗五禽戏传习基地调研、2014年3月，安徽省体育局刘晓辉副巡视员到华佗五禽戏传习基地调研，市体育局张培阳局长陪同，作者热情接待

2014年春节之际，作者陪同亳州市委常委宣传部长杜爱玉同志到涡阳县"文化三下乡"及送温暖活动

华佗诞辰1888年之际，在华祖庵，作者与省社体中心王勇主任、市华佗五禽戏协会赵心安主席合影

作者与国家中医药管理局办公室主任查德忠同志合影

作者与国家健身气功管理中心办公室王毅主任合影

作者与财政部会计司刘丽华处长合影

作者与安徽省教育厅解平副厅长、亳州中药科技学校季刚校长在2015全国职业院校学生技能创新成果赛上合影

作者与安徽省武术拳击运动管理中心主任杨鹭明、副主任李贵宝、弟子葛素勤、赵信合影

作者与国家体育总局健身气功管理中心吕实明副主任、科研宣传部崔永胜主任合影

作者与安徽省体育局武术拳击运动管理中心社会活动部张祚川部长合影

题词

上海体育学院博士生导师，曾任上海体育学院武术系主任，现任民族传统体育理论研究中心主任邱丕相教授为作者题词"无名天地之始，有名万物之母"

著名书法家原武警学院院长（中将军衔）何虎将军为作者题词"精气神"。

上海财经大学王玲教授抄录作者的华佗五禽戏训诫、总要、习练要诀。

论文论著成果篇

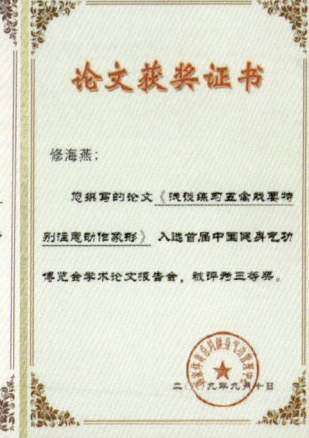

承担国家体育总局气功管理中心2013年度科研课题《浅谈华佗五禽戏渊源》；承担亳州市政府2013年度重点课题《华佗五禽戏传承与发展研究》，被评为质量一类；作者展示的华佗五禽戏2007年10月被中国武术协会收录《中华武藏》，2013年1月被文化部收录国家级非物质文化遗产《信息资源共享工程》

运动赛事获奖篇

十年来，作者荣获各类奖项和荣誉称号一百多项

荣誉称号篇

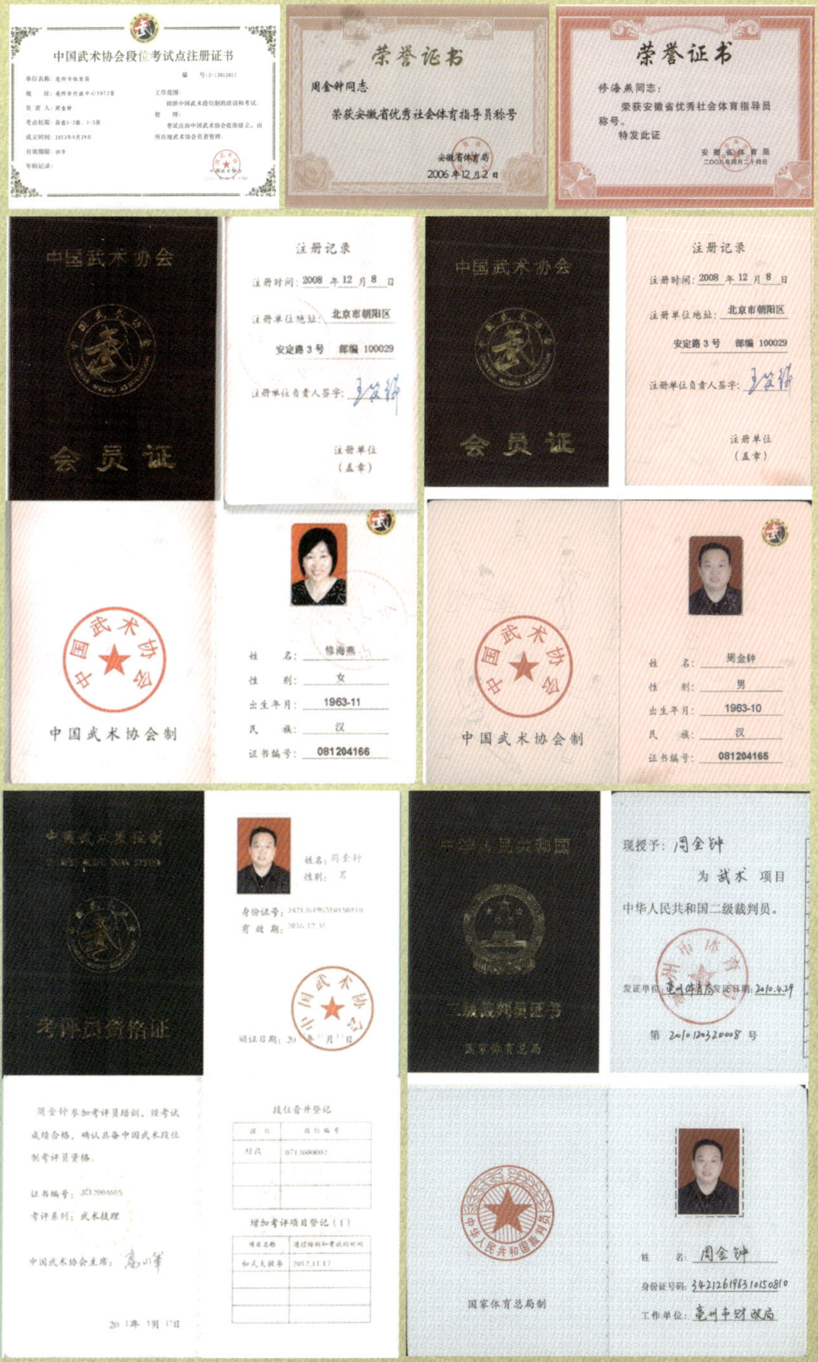
中国武术协会段位考试点注册证书
荣誉证书
周金钟同志
荣获安徽省优秀社会体育指导员称号
安徽省体育局
2006年12月2日
荣誉证书
修海燕同志：
荣获安徽省优秀社会体育指导员称号。
特发此证
中国武术协会
会员证
注册记录
注册时间：2008 年 12 月 8 日
注册单位地址：北京市朝阳区
安定路3号 邮编 100029
注册单位负责人签字：
注册单位
（盖章）
中国武术协会制
姓 名：修海燕
性 别：女
出生年月：1963-11
民 族：汉
证书编号：081204166
姓 名：周金钟
性 别：男
出生年月：1963-10
民 族：汉
证书编号：081204165
考评员资格证
中华人民共和国
二级裁判员证书
国家体育总局
现授予：周金钟
为 武术 项目
中华人民共和国二级裁判员。
第 201012032008 号
周金钟参加考评员培训，经考试成绩合格，确认具备中国武术段位制考评员资格。
考评系列：武术技理
中国武术协会主席：
段位晋升登记
增加考评项目登记（1）
国家体育总局制
姓 名：周金钟
工作单位：亳州市财政局

国内交流篇

作者与原国家体育总局武术运动管理中心张山副主任、原上海体育学院武术学院虞定海院长、著名武术家、上海体育学院武术学院原院长邱丕相先生、著名武术家蒋锡荣、张克强教授合影

作者与天津体育学院杨茵萍教授、武术院副院长杨祥全教授、上海财经大学王玲教授、中国总会计师协会党委书记郭宝正同志合影

作者与上海市体育局副局长赵光圣教授、上海体育学院武术学院院长戴国斌、张政教授合影

作者与中央电视台十套负责人穆青、《中国社会报》社社长周蔚华、中国地质大学刘文灿教授等人合影

作者与武汉体育学院石爱桥院长、北京体育大学杨柏龙教授合影

作者与国务院科学评议组成员李晓兵教授、公安大学韩建中教授、中央财经大学李晓慧教授合影

作者与北京表达学院院长正扬、中央党校刘玉瑛教授、上海公安专科学校张克强教授合影

作者与美国会计师协会亚洲执行主席白俊江、南京中医药大学毛俊同教授、阜阳师范学院刘玉教授及方俊老师合影

作者在参加青岛2015世界休闲体育大会武术赛事上与本届监督委张山、虞定海及仲裁委成员、裁判员合影

作者与中国台湾中华中药商联合公会副主任叶甘霖及弟子王鹏合影

作者与阜阳师范学院武术学院刘玉院长、于绍华书记、徐涛教授、石有武教授、崔建国教授、弟子刘宽宽合影

作者与台湾贸易中心主任张正芬女士、亳州市商务局李松局长合影

作者与台北市进出口公司顾问黄金雄先生、弟子怀凯合影

作者在青岛2015世界休闲体育大会国际武术比赛上与原国家体育总局武术运动管理中心副主任张山先生、徽商银行亳州分行王素云行长合影

作者与南京中医药大学吴建龙教授一行合影留念

2016年1月10日,黄山市水务局长、武协常务副主席、华佗五禽戏非物质文化遗产传习基地黄山推广站负责人孔繁良等人到基地总部考察

作者与邱丕相先生、张克强先生、田金龙先生合影

作者与健身气功管理中心国内发展部王涛副主任合影

作者与湖北中医大学白祖刚教授、于勇教授及安徽省中医学院黄世均教授合影

作者与杭州师范大学周伟良教授、亳州师专代志星副教授、八极拳第七代掌门人吴连枝先生合影

作者与著名武术家蔡龙云先生、于海先生、亳州市技术质量监督局局长赵心安先生合影

重大活动篇

作者撰写的《华佗五禽戏传承与发展研究》荣获论坛二等奖，《传统华佗五禽戏对中国武术发展的影响》荣获优秀奖

2014年7月，在武汉体育学院首届健身气功七段位套段培训全体学员与国家体育总局健身气功管理中心常建平主任、黄凌海书记等领导合影

2010年，修海燕带队在东盟加六国中华儒商领袖泰国经贸高峰论坛暨第十届世界儒商大会之世界中医（健康）养生大会上展示华佗五禽戏，并在大会上发言，泰国亲王素博巴莫接见亳州华佗五禽戏代表团

2013年9月作者在首届国际气功博览会上浅谈《华佗五禽戏渊源》。2015年8月作者在上海体院博士生论坛会浅谈《华佗五禽戏的四季养生》

2011年亳州各界联合举行华佗五禽戏被国务院批准为国家级非物质文化遗产庆祝活动

2015年7月1-5日，作者在天津参加"2015全国职业院校学生技术技能创新成果交流赛"上，展示并介绍华佗五禽戏，荣获表演项目一等奖

作者在安徽省武术协会第五届委员会第一次常委会上当选为省武协常委，与副主席、常委们合影

2014年清明节，纪念恩师、师母三周年活动

作者任教练，组队参加青岛2015世界休闲体育大会，荣获五项个人奖项，集体项目进入前八强

作者代表安徽省参加2015中国体育文化·体育旅游博览会

2015年5月27日，亳州市文化旅游局怀颖局长带队、参加文化部评审《五禽戏文化普及活动》项目争创"创建国家公共文化服务体系示范项目"，评审期间作者为评委展示华佗五禽戏26式，本次申报的项目全票通过

作者在第六届华佗五禽戏健身养生节开幕式上领衔展示华佗五禽戏

2010年上海世博会上展示华佗五禽戏

国际交流篇

2015年11月6日,日本京丹后市副市长大村隆、议会议长三崎政直等政府要员为亳州市政府体育文化代表团张培阳团长、周金钟副团长一行七人举行隆重欢迎仪式

2015年11月7日,日本京丹后市市长中山泰先生、议会议长三崎政直先生会见亳州市体育文化访问团一行,并进行了文化交流,日本横滨武术院代表成泽正治(作者学生)参加会见

2015年11月7日，作者在日本第八届健康长寿运动会上和弟子王鹏、怀凯、葛素勤、赵信、周筠、日本徒弟成泽正治进行了华佗五禽戏表演

2013年9月，第五届华佗五禽戏养生健身节上，周金钟与外国朋友交流五禽戏

2015年11月9日，作者和体育局张培阳局长应邀到日本东京分别与保圣那集团公司与集团高层事业开发部部长南部真希也先生和横滨武术院代表成泽正治一行6人进行华佗五禽戏文化交流后合影

2010年12月，中泰建交35周年之际，修海燕带队到泰国参加东盟加六国中华儒商领袖泰国经贸高峰论坛暨第十届世界儒商大会之世界中医（健康）养生大会上，辅导泰国亲王素博巴莫、香港孔子学院院长、世界儒商联合会会长汤恩佳华佗五禽戏

德国国籍俄罗斯姑娘安娜拜师学习华佗五禽戏

作者在2015年第二届中国(亳州)健身气功博览会暨第七届华佗五禽戏养生健身节上与大韩健身气功协会会长许一雄先生、芬兰Kauko（高戈）先生、安哥拉朋友、斯里兰卡ErangaMahesh交流

作者与韩国禹柄兴先生、日本奥林匹克先生山岸秀匡先生、德国罗玲娜女士（上海体育学院博士）交流

2015年10月13日，作者与韩国塞恩斯公司董事长李淳钟、前畿道警察厅厅长大田科技大学教授林承泽及夫人李贤淑、联合通信记者李海宁及夫人李忠莲、定石学院院长申东岢、韩国行政法院部长审判官扈帝熏在非物质文化遗产传习基地进行五禽戏文化交流

2015年10月青岛2015世界休闲体育大会武术比赛期间作者与德国David Riedl Guzman、加蓬周埃乐、荷兰Friso Halbtsma、智利的雷法、韩国的李柔逊、法国队Leo Paco Teva Philippot交流

2013年5月，作者用五禽戏导引术医治印尼朱丽莲肩周炎。2013年4月，作者在中国（泰山）国际武术节上与美国代表队梁志光领队及运动员交流

央视报道篇

2009年CCTV-4《走遍中国》栏目冯海芸编导来亳州拍摄五禽戏传承与发展。2010年中央电视台CCTV-4《中华医药》冯海芸编导和田新华记者来亳州拍摄《健康我有戏》五禽戏专题节目，报道作者健康经历

2012年12月，中央电视台张欧一行来拍摄大型纪录片《长寿密码》华佗五禽戏。2015年7月，CCTV-4《外国人在中国》栏目组杜玉倩、刘姝婧来亳州拍摄五禽戏

2010年8月，作者带队在央视演播厅CCTV-1《我们有一套》栏目进行华佗五禽戏展示。2014年3月，作者应央视cctv-4《中华医药》栏目邀请在北海公园接受邵艺丽、胡鹏程、曹德琳采访与五兽行创始人韩书锁交流

2014年11月,CCTV—4《中华医药》栏目唐立新、董婷、曹德琳一行拍摄五禽戏宣传专题片

2015年1月CCTV—4《远方的家》栏目组杨华、胡鑫等人拍摄《江河万里行》纪录片华佗五禽戏亳州古城有传人

2015年7月CCTV—4《远方的家》栏目组杨华、刘雪瑞、胡鑫等人拍摄《暑假去游学》亳州学五禽专题节目

非物质文化遗产进高校

安徽师范大学学生来亳州考察学习传统华佗五禽戏

2015年7月2日，作者在天津体育学院武术学院为研究生、博士生进行"五禽戏与导引养生"讲座时与杨祥全院长及部分学生合影

2015年5月16日，作者到阜阳师范学院做华佗五禽戏养生学术报告并辅导学生五禽戏套路动作

作者为亳州学院客座教授，为师生辅导华佗五禽戏

国家级非物质文化遗产

传统华佗五禽戏 26 式

周金钟　修海燕　编著

人民体育出版社

图书在版编目（CIP）数据

传统华佗五禽戏26式 / 周金钟, 修海燕编著. -- 北京：人民体育出版社, 2016（2024.5重印）
 ISBN 978-7-5009-4893-3

Ⅰ.①传… Ⅱ.①周… ②修… Ⅲ.①五禽戏（古代体育）—基本知识 Ⅳ.①G852.9

中国版本图书馆CIP数据核字(2015)第285388号

*

人民体育出版社出版发行
三河兴达印务有限公司印刷
新 华 书 店 经 销

*

850×1168　32开本　5.25印张　110千字
2016年5月第1版　2024年5月第9次印刷
印数：36,374—39,373册

*

ISBN 978-7-5009-4893-3
定价：32.00元

社址：北京市东城区体育馆路8号（天坛公园东门）
电话：67151482（发行部）　　邮编：100061
传真：67151483　　　　　　　邮购：67118491
网址：http://www.psphpress.com
（购买本社图书，如遇有缺损页可与邮购部联系）

序 一

在药都亳州，熟悉周金钟的人都知道，他是一个"痴人"。作为华佗五禽戏第58代传人和掌门人、国家级非物质文化遗产华佗五禽戏项目代表性传承人，他在工作之余，多年如一日地执着于华佗五禽戏的传承、保护和挖掘工作。

亳州是国家级历史文化名城，底蕴深厚，老子、庄子、曹操、华佗等都出生在这里。因地处中原，亳州历来武风昌盛，是中国十大"武术之乡"之一，五禽戏、晰扬掌等皆产生于此，为世人瞩目。

东汉末年，神医华佗选取虎猛、鹿敏、熊稳、猿智、鸟和的特征，融入医理体疗之中，创编出五禽戏，开创了我国体育医疗健身防病的先河。1800多年来，华佗五禽戏福泽乡里、长盛不衰，习练者皆获健身、防病、长寿之功效。

近年来，亳州市大力弘扬地方传统文化，打造五禽戏健身养生品牌，开展五禽戏进机关、进企业、进学校、进社区、进农村的"五进"活动，使之得以广泛传承与发展，习练者达数十万人。2012年9月，全国百城千村健身气功交流展示安徽大会暨中国(亳州)第四届华佗五禽戏养生健身节在亳州举行，国家体育总局向亳州市授予"中国五禽戏之乡"称号。如今，华佗五禽戏已成为当地人最喜爱的一项健身项目。

在不同的习练场合，都有周金钟的身影。出于对家乡药都的热爱以及对传统文化的钟情，无论在亳州当地还是出差在外，他逢人必讲五禽戏，见缝插针地"现身说法"，积极宣传、推广华佗五禽戏，这已经成为他工作之余的"大事情"和"新常态"。

周金钟先生，幼时便开始习武，熟悉少林、太极等多种拳法。1990年春，他拜师于华佗五禽戏第57代传人和掌门人董文焕先生。20多年来，从未间断过研练，在兢兢业业做好本职工作的同时，利用节假日、双休日、八小时之外孜孜不倦地探索、思考、实践、传播，对华佗五禽戏达到了近乎痴迷的程度。可以说，华佗五禽戏已经融入了他的生命，每次习练时总是神情专注，如痴如醉，物我两忘。2007年，在亳州市体育局、市武术协会认可以及文体界诸前辈的见证下，周金钟从董文焕手中接过"衣钵"，成为华佗五禽戏第58代传人和掌门人。自此，他把挖掘整理、传承推广华佗五禽戏当成自己义不容辞的责任和使命。

我国非物质文化遗产保护政策出台后，周金钟积极提供各种资料，配合文体部门做好华佗五禽戏申遗工作。经过各级政府努力，华佗五禽戏在2011年被列入第三批国家级非物质文化遗产名录。2013年，周金钟整理编著的《传统华佗五禽戏》一书由人民体育出版社出版。2015年春，他发起成立的亳州传统华佗五禽戏养生俱乐部被安徽省文化厅授予安徽省非物质文化遗产传习基地。

近日，周金钟又把挖掘整理的新作《传统华佗五禽戏26式》送到我的案头。新书图文并茂，把华佗五禽戏26式套路、五禽戏相生相克对练、五禽戏与五行学说、五禽戏与中

序 一

医学说等内容纳入其中，是对《传统华佗五禽戏》的厚重补充，是他多年实践总结和理论提升的集大成之作，也是他多年来致力于华佗五禽戏传承与发展工作的缩影，凝结了他更多的责任和心血。

我曾无数次目睹周金钟展演华佗五禽戏的风采，也曾与他面对面交流过，被他的激情感染。如今，面对这部十多万字的、沉甸甸的书稿，我再次被他的执着所感动。他对华佗五禽戏的传承是有形的，贡献是实在的，成效是让人可以摸得着、看得到的。

在其新书付梓前，有感而发，不只是祝贺，更多的是敬意。是为序。

亳州市人大副主任 马昭华

二〇一五年十二月十六日

序 二

把华佗五禽戏融入血液中

周金钟先生，是一位充满人格魅力的华佗五禽戏"传承人"。无论对工作、生活还是对五禽戏事业，始终充满着激情。更难能可贵的是，他能将这份激情传递给身边的每个人。他在亳州市华佗五禽戏协会担任副主席兼秘书长，为华佗五禽戏申报国家级非物质文化遗产做出了大量工作，为华佗五禽戏的传承与发展和数字化的建设等付出了心血和汗水。

我细细读过他撰写的《传统华佗五禽戏26式》，书稿沉甸甸的，有他一路钟爱、痴迷的辛苦。

周金钟先生在2013年出版的国家级非物质文化遗产《传统华佗五禽戏》一书中，主要介绍了五禽戏的概论、基本技术、热身功、简易华佗五禽戏（13式）、传统华佗五禽戏（54式），当时没有把华佗五禽戏26式、五禽戏相生相克对练、五禽戏与五行学说、五禽戏与阴阳学说、五禽戏与精气神学说、五禽戏与中医学说等内容编入书中。具了解，是出版社的建议，分类出版，更有利于满足不同读者。而此次即将出版面世的这本书主要介绍传统华佗五禽戏26式套路的动作图解、要领、意境、歌诀、注意事项等。应该说，这本书是周金钟先生对华佗五禽戏挖掘整理的需要而编著，作为对《传统华佗五禽戏》的厚重补充，堪称又一佳作，一招一式凝聚了金钟先生更多责任、更多心血！

　　近年来，周金钟先生对五禽戏的传承、保护和挖掘及提升效果有目共睹。这些都基于他对家乡、对五禽戏的钟爱；基于他的善思考，勤积累；基于他勇于去探索，去实践，去传播。对于五禽戏的事，他不但工作中天天讲，而且工作之外几乎逢人就说。即便是闲暇之余和朋友吃饭也一时兴起"现身说法"，来上几招几式；出差时利用短暂的清晨时光，向外地晨练者表演示范，抓住一切机会传承、推广华佗五禽戏，已经成为了周金钟先生工作之余的"大事"。

　　他凭着这份执着，不遗余力地传承着，天长日久，其功大矣。备受中央电视台、地方电视台等媒体的关注，对他的传承事迹多次报道。这些都为家乡带来了重大且又是潜移默化的影响。也让更多的人对五禽戏保持着持续高度的关注，同时也吸引了越来越多的外国友人纷纷前来拜师学艺。

　　周金钟，1962年10月15日生（农历），属"虎"的。出身武术世家，八九岁时就开始习武，曾拜过很多老师，练过少林、八卦、太极等多种拳法。1990年的春天，一次偶然的机会周金钟先生遇到了华佗五禽戏第57代传人董文焕老师，便拜他为师开始系统地学习华佗五禽戏。从此华佗五禽戏和周金钟的生活再也分不开了。

　　只有钟爱才能坚持，虽然周金钟先生在机关工作，但他在兢兢业业完成本职工作之余，研练华佗五禽戏成了他最大的爱好，每天坚持，从未间断过。每天早上6~7点，宛如条件反射一样起身习练五禽戏。虎猛扑呼啸、鹿愉快飞奔、熊慢步行走、猿左右跳跃、鸟展翅飞翔……周金钟先生每次习练起五禽戏来总是如入无人之境，神情专注。可以说，华佗五禽戏已经成为周金钟先生生命的一大部分。

2007年9月29日，在亳州市体育局副局长孙守林、亳州市武术协会主席金汉文、副主席锁敬海签字认可以及众多亳州文体界前辈的见证下，周金钟正式从华佗五禽戏第57代传人、掌门人董文焕手中接过"衣钵"，成为华佗五禽戏第58代嫡系传人及掌门人。也就是从这一天起，华佗五禽戏的挖掘整理和传承推广，成为他义不容辞的责任和使命。

我国非物质文化遗产保护政策出台后，周金钟先生便积极提供资料和图像，配合文体部门做好五禽戏申报工作。在市政府的高度重视下，2006年，华佗五禽戏被列入安徽省非物质文化遗产名录。2011年5月，华佗五禽戏被列入国务院公布的第三批国家级非物质文化遗产名录。2015年3月，他发起成立的亳州传统华佗五禽戏养生俱乐部又被安徽省文化厅授予安徽省非物质文化遗产传习基地。周金钟本人也被安徽省文化厅授予省级非物质文化遗产代表性传承人。

二十多年来，他在不同的武术赛事论坛上荣获100多项奖项及荣誉称号。因为他不是单纯的习练教学，而是在习练中实践，在尝试中进行研究，在探索中进行理论总结，在总结中将之系统归纳，近十年来他发表了十几篇五禽戏方面的论文，并在全国性养生论坛上荣获大奖。如2009年9月，他撰写的论文《浅谈传统华佗五禽戏》入选首届中国健身气功博览会学术论文报告会，被评为一等奖，2013年，他承担国家体育总健身气功管理中心的《浅谈华佗五禽戏渊源》课题荣获三等奖、承担亳州市政府的《华佗五禽戏传承与发展》被评为质量一类；他还参与文化部非物质文化遗产的《信息资源共享工程》建设和中国武术协会的《中华武藏》建设，他表演的华佗五禽戏也收录到这两个建设中。他培养了一大批学生和弟子，他们在不同地区传承着五禽戏。换句话说，关于五禽戏的传承文化在他这里是有形的，实在的，是见得到摸得着的，因而更显生机勃勃。因而才有了《传统华佗五禽戏》论著。

在他的新书出版前，一是祝贺，二是对一位"传承人"特别的敬意。

安徽省健身气功协会副主席
亳州市技术质量监督局局长
亳州市华佗五禽戏协会主席
二〇一五年十二月十二日

前　言

千年导引养生术，神医华佗五禽戏，于2011年5月23日经国务院批准为国家级非物质文化遗产（国发〔2011〕14号，传统体育类，序号1146、项目编号Ⅵ-63）。2013年周金钟编著的国家级非物质文化遗产《传统华佗五禽戏》一书由人民体育出版社出版发行，这本书主要介绍五禽戏的概论、基本技术、热身功和简易华佗五禽戏（13式）、传统华佗五禽戏（54式）。当时因书本太厚重，经与出版社商量，没有把华佗五禽戏（26式）、五禽相生练习法、五禽相克练习法、灵猿戏笨熊对练、鹤戏对练和五禽戏相关的五行学说、阴阳学说、精气神学说以及相关功法在华佗五禽戏中怎样应用等内容编入书中。2013年，据文化部非遗工作的要求，华佗五禽戏被文化部列入非遗数字化试点保护项目，按非遗数字化建设工作的需要，我们把以上内容都纳入了数字化建设，并上报文化部非遗中心数字库。2015年5月，华佗五禽戏群众文化普及活动又被文化部列入"创建国家公共文化服务体系示范项目"，使这个传统医疗体育养生文化得到了有效保护与传承。

为了认真贯彻落实"保护为主、抢救第一、合理利用、传承发展"非物质文化遗产保护的工作方针，也为了满足人民群众日益增长的精神文化需求，根据华佗五禽戏传承发展和读者的需要，我们在《传统华佗五禽戏》基础上，将陆续把挖掘整理的华佗五禽戏养生文化内容编写成书，贡献给国家，贡献给五禽戏爱好者。

现《传统华佗五禽戏26式》即将出版问世，在周金钟编著的《传统华佗五禽戏》书中介绍过的，如五禽戏概论、五禽戏基本技术、五禽戏热身功、简易五禽戏（13式）等，本书不再赘述。本书主要介绍传统华佗五禽戏26式套路的动作图解、要领、意境、歌诀、注意事项等。为了便于读者学习，五禽戏养生总要、习练要诀和基本技术、经络图等内容会再次出现。

目 录

第一章 传统华佗五禽戏养生总要、习练要诀及训诫 …………………………………………………（1）

第一节 传统华佗五禽戏养生总要 …………（1）
第二节 传统华佗五禽戏习练要诀 …………（2）
第三节 传统华佗五禽戏训诫 ………………（3）

第二章 传统华佗五禽戏基本技术 ……………（4）

第一节 基本手型 ……………………………（4）
第二节 基本步型 ……………………………（6）
第三节 基本身法 ……………………………（12）

第三章 传统华佗五禽戏26式 …………………（14）

第一节 传统华佗五禽戏26式简介 …………（14）
第二节 华佗五禽戏26式动作名称 …………（15）
第三节 传统华佗五禽戏26式动作图解 ………（17）
一、虎戏 ……………………………………（19）
二、鹿戏 ……………………………………（44）
三、熊戏 ……………………………………（66）

1

四、猿戏 …………………………………… （82）
五、鸟戏 …………………………………… (100)

附录：经络图 …………………………………… (136)
后记 …………………………………………… (150)

第一章 传统华佗五禽戏养生总要、习练要诀及训诫

第一节 传统华佗五禽戏养生总要

松静自然，意气相随；
练养结合，动静合一；
外引内导，循序渐进；
对称习练，阴阳表里；
因人而异，因病而异；
起居有常，饮食有节；
生活有序，顺应四季；
心态端正，乐观神逸；
融入社会，无欲无求；
积精累气，贵在坚持。

注：传统华佗五禽戏养生总要注释略

第二节　传统华佗五禽戏习练要诀

对称练习，切忌偏倚；
心无杂念，放松身体；
意守定物，引神入静；
形体自然，习练专一；
形与意合，气寓其中；
以意领气，以气导劲；
形神意气，铭心牢记；
动作呼吸，配合彻底；
导引吐纳，始终不渝；
一动全动，协调统一；
刚柔相济，快慢相兼；
形体舒展，拔骨伸筋；
舒缓圆活，柔和匀称；
静动松紧，辩证关系；
内外兼修，阴阳表里；
求功莫急，循序渐进；
持之以恒，功到自成；
融入自然，天人合一。

注：传统华佗五禽戏习练要诀注释略

第三节　传统华佗五禽戏训诫

禽戏本意，铭刻心记；
功无止境，法无边际；
柔静为先，刚动为后；
凝神聚气，专心一意；
形神意气，天人合一；
不动情心，无吾之心；
沉着虚静，形气勿断；
练功修德，多求练历；
心壮魄强，练气归根。

注：传统华佗五禽戏训诫注释略

第二章　传统华佗五禽戏基本技术

第一节　基本手型

1. 虎爪

五指张开，虎口撑圆，第一、二指关节内扣。（图2-1、图2-2）

图2-1 　　　　　　　图2-2

2. 鹿角

拇指伸直外张，食指、小指伸直，中指和无名指弯曲内扣、贴于手心内。（图2-3）

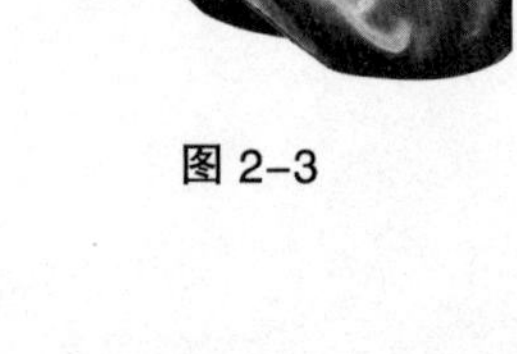

图2-3

3. 熊掌

五指自然伸开、微屈，手心内含。（图 2-4、图 2-5）

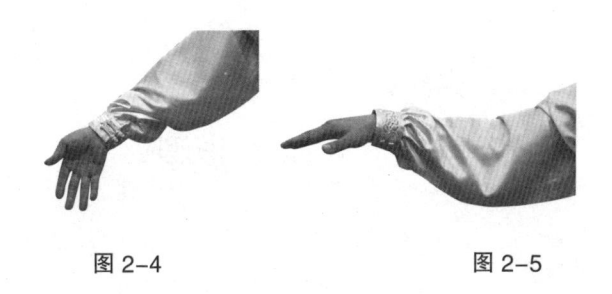

图 2-4

图 2-5

4. 猿钩

五指腹捏拢，屈腕。（图 2-6）

图 2-6

5. 鸟翅

五指伸直，拇指、食指、小指向上微微翘起，无名指、中指并拢向内微微内含。（图 2-7、图 2-8）

图 2-7　　　　　　　　图 2-8

第二节　基本步型

1. 弓步

两腿前后分开一大步，横向之间保持一定宽度，右（左）腿屈膝前弓，大腿斜向地面，膝与脚尖上下相对，前弓膝关节不能超过脚尖，脚尖微内扣；左（右）腿自然伸直，脚跟蹬地，脚尖稍内扣，全脚着地。左腿在前为左弓步，右腿在前为右弓步。（图 2-9）

图 2-9

2. 马步

两脚开步稍宽于肩，两脚平行，两腿弯曲成骑马势。（图 2-10）

图 2-10

3. 踮步

提起脚跟，用脚尖着地走路，一起一落，交替进行走路，始终保持一个脚掌着地，另一个脚提起。（图 2-11~图 2-13）

图 2-11 　　　　图 2-12 　　　　图 2-13

4. 虚步

右（左）脚向前迈出，脚尖着地，脚跟上提（或者脚跟着地，脚尖上翘），膝微屈；左（右）腿屈膝下蹲，全脚着地，脚尖斜向前方，臀部与脚跟上下相对。身体重心落于左（右）脚。（图2-14~图2-16）

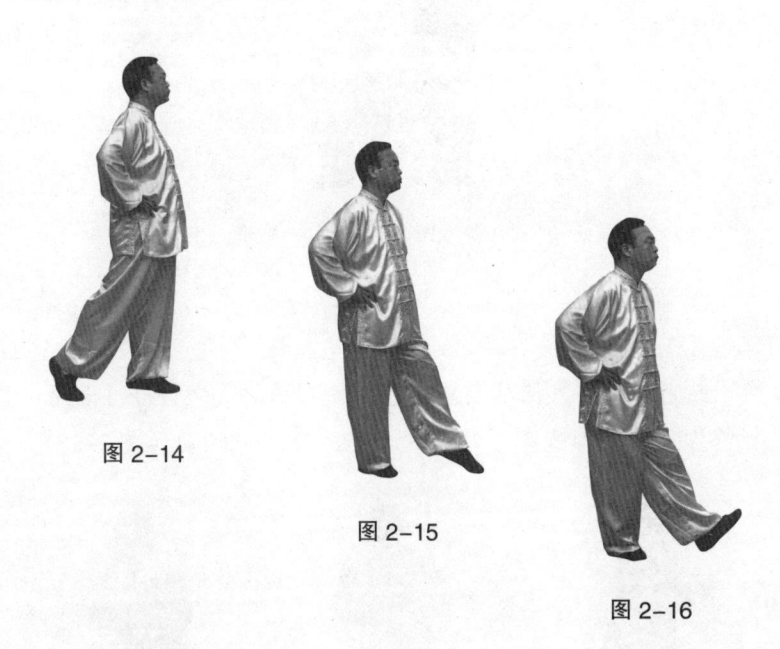

图 2-14

图 2-15

图 2-16

5. 歇步

两腿交叉靠拢全蹲，左脚全脚着地，脚尖外展，右脚前脚掌着地，膝部靠于左小腿外侧，臀部接触右脚跟处，右腿在下为右歇步。反之为左歇步。（图2-17、图2-17附图）

图 2-17　　　　　　　图 2-17 附图

6. 鸡形步

又叫跟步，右（左）脚向前迈一大步，左（右）脚紧跟，两脚一前一后，两脚间保持一脚的距离，两腿一前一后、微微弯曲，如鸡腿形，不弓不坐，重心基本均摊于两脚，故叫鸡形步。左脚在前叫左鸡形步、右脚在前叫右鸡形步。（图 2-18）

图 2-18

7. 仆步

左脚抬起，绷起脚面向左侧伸出，左腿伸直；右腿屈膝下蹲，上身微向左拧腰；或者右脚后辙一大步下蹲，左腿伸直，上身保持中正并微微向左拧腰。右腿伸直叫右仆步，左腿伸直叫左仆步。（图 2-19）

图 2-19

8. 丁步

两脚并步站立，两腿屈膝半蹲，左脚全脚着地，重心下沉于左腿上；右脚用前脚掌着地或脚尖点地，置于左脚内侧处。右脚尖点地叫右丁步，左脚尖点地叫左丁步。（图 2-20、图2-21）

图 2-20

图 2-21

9. 独立步

一腿自然直立，全脚踏实站稳，另一腿在体侧或者体前屈膝提起，膝高于腰，小腿自然下垂。左腿直立叫左独立步，右腿直立叫右独立步。（图2-22、图2-23）

图 2-22

图 2-23

10. 盖步

又叫横盖步，左脚经右腿前向右横跨一步，右脚随时也向右横跨一步，落脚站稳，全脚踏实。左脚经右腿前向右横跨一步叫左盖步、右脚经左腿前向左横跨一步叫右盖步。（图2-24~图2-26）

图 2-24　　　　　图 2-25　　　　　图 2-26

第三节　基本身法

1. 头颈

头颈运动主要是在眼神的牵动下进行的，不同的眼神对头颈要求不同，一般要求是虚领顶劲（不偏不倚），颈部自然放松。

2. 肩肘

根据动作的不同，对肩肘的要求也有所不同，一般情况是沉肩坠肘。

3. 胸背

根据动作的不同，对胸背的要求也不同，一般情况是含胸拔背。

4. 腰胯

根据动作的不同，对腰胯的要求也不同，一般情况是松腰坐胯或松腰沉胯。

5. 腹臀

是根据动作的不同，对腹臀的要求也不同，一般情况是收腹提肛、尾闾垂地，臀部收敛，不要外翘。

第三章 传统华佗五禽戏 26 式

第一节 传统华佗五禽戏 26 式简介

传统华佗五禽戏功法主要有热身功、初级套路（入门套路）13 式、中级套路 26 式、高级套路 54 式。现将传统华佗五禽戏 26 式简介如下：

传统华佗五禽戏 26 式是在传统华佗五禽戏 54 式基础上创编的养生功法。它依然根据中医学原理，按照虎、鹿、熊、猿、鸟五禽的生活习性和动作特点，结合人的生理结构创编的导引养生功法，多年来口口相传、创编年代不详。据套路本身而言是从华佗五禽戏 54 式的典型动作摘录了四到六个，没有摘录跳跃动作和腾空转体动作，仍按照虎、鹿、熊、猿、鸟的编排顺序进行编排，每戏的每个动作排列顺序仍按导引、吐纳的原理进行编排的。预备势、收势与华佗五禽戏 54 式一样。华佗五禽戏 26 式仍属于传统中医导引术，体育项目的象形拳、动气功。其动作的主要特点是缓慢柔和、缠丝连绵、刚柔相济、对称练习，动作幅度小、运动量适中；动作所占用空间小，一般 5~6 平方米空间即可练习，运动所占时间短，一般 5~6 分钟，每个动作都充分考虑了华佗五禽戏的形、神、意、气的统一和导引吐纳的应用，是学好华佗五禽戏的第二阶段，为学好华佗五禽戏打基础。本套路适合大规模的群体统一练习，单位可把她作为工间操，学校可作为课间操。经多年的实践证明，华佗五禽戏26式最适合中老年人练习，备受中老年人欢迎。她已经过历史检验并被众多人所接受，并受益大众。

第二节　华佗五禽戏26式动作名称

一、预备势

二、虎戏（5式）

1. 坐洞运爪（连续左右3次）。2. 饿虎下山左式。3. 摇头摆尾左式。4. 饿虎扑食左式。→饿虎下山右式→摇头摆尾右式→饿虎扑食右式。5. 虎卧山洞左右式。

三、鹿戏（5式）

1. 成鹿亮角左式。2. 转颈运闾左式→成鹿亮角右式→转颈运闾右式。3. 麋鹿扒草左右式（各连续3次）。4. 梅鹿伸腰左右式。5. 翘首远望左右式。

四、熊戏（4式）

1. 黑熊探爪左右式（各连续3次）。2. 笨熊游走左右式（各连续2次）。3. 笨熊晃体左式（连续3次）。4. 笨熊推掌左式→笨熊晃体右式（连续3次）→笨熊推掌右式。

五、猿戏（4式）

1. 白猿欢跳左右式。2. 亮蓬远望左右式。3. 白猿献果左右式。4. 白猿抓痒左右式。

六、鸟戏（6式）

1. 飞鹤展翅左右式（连续3次）。2. 群鹤净身左式（连续3次）。3. 摇身抖水左式→群鹤净身右式（连续3次）→摇身抖水右式。4. 降落岩石（连续3次）。5. 飞鹤盘旋左右式（连续6步）。6. 白鹤宿巢左右式。

七、收势

1. 引气归原（连续3次）。2. 向前搂气。3. 搓手。4. 浴面。5.干梳头。6.捶腰。7.击腹。

第三节 传统华佗五禽戏 26 式动作图解

预备势

【歌诀】

两臂下垂立自然，舌抵上腭无杂念，
含胸拔背松腰肩，双目前视意守丹。

【动作图解】

①自然站立（一般情况下在练功时面南或面东，其目的是面朝阳，采天之阳气。也是阴阳原理在功法的具体运用，胸部为阴、背部为阳，南为阳、北为阴，阴中有阳、阳中有阴，阴阳原理在五禽戏养生功法中无处不在、无处不有）。两臂自然下垂，指尖向下，掌心向里，手靠大腿两侧（中指紧贴大腿），两腿自然站立，两脚并拢平行（或两脚后跟靠拢，两脚尖外展，夹角可放下自己的拳头），身躯自然放松，双目前视，舌抵上腭、虚领顶劲、含胸拔背，意守丹田、排除杂念，引神入静、体态安详。（图3-1）

图 3-1

17

②起势。接预备势。两手自然下垂，上身不动，两脚跟外展，随后两脚尖外展，使两脚平行，与肩同宽（如一次外展不到位，可脚跟再外展，脚尖接着外展），目视前方，自然呼吸。（图 3-2、图 3-3）

图 3-2 　　　　　　　　图 3-3

【动作要领】

全身放松、体态自然，精力集中、融入自然，目视无睹、心无杂念等。两脚也可一次性外展到位，与肩同宽，两脚平行。

【意境】

意守丹田。

【功能作用】

《皇帝内经·素问》上古天真论中写道："夫上古圣人之教下也，皆谓之虚邪贼风，避之有时，恬淡虚无，真气从之，精神内守，病安从来。是以志闲而少欲，心安而不惧，形劳而不倦，气从以顺，各从其欲，皆得所愿。故美其食，任其服，乐其俗，高下不相幕，其民故曰朴。"心身（心：心情、心态、思想，身：肌体）放松、意守丹田，即属意念内守；也可以意念外守，目的是意守定物，达到以一念代万念的功效，有助于引神入静、调节心情、宁静心神、排除杂念。调整呼吸，内安五脏，外端形体，从精神与肢体上做好练功的准备，做到恬淡虚无，精神内守，达到天人合一。

只有恬淡才能从容，虚心方可纳物。当人处于一种"恬淡虚无"状态时，人先天被赋予的"真气"就会随着指挥它的"神"去开始运作，即"从之"；如不服从擅自"开小差"，"正气"不在岗，则"虚邪贼风"这种负面能量就会乘机而入。做到精神内守，就是有积累的"精"，常言道"养精蓄锐""神采奕奕"；"神"在自己的体内，反应很快，"有如神助"，强力查杀病毒（如：病毒，细菌，虚邪贼风）可马上把病毒从体内赶出去（立即启动自身免疫系统）；怎么可能得病呢？

一、虎 戏

1. 坐洞运爪

【歌诀】

　　眼随手动坐如钟，松腰坐胯运爪行，
　　以意领气丹田出，运行周天全身松。

【动作图解】

①接起势。两手成虎爪向前、向上托起至与肩平，手心向上、两臂平行，随即屈肘外展，两手向上划弧至胸前，两手掌翻转内合，手心向下，两手指相对，目视前方，这是吸气过程。（图3-4、图3-5）

图 3-4 　　　　　　图 3-5

②接上势。两手向下按，两手指相对，身体随手势，屈膝下蹲成正马步（每人可根据自己腿脚功力的不同，马步可分为高架、中架、小架，中老年人以高架为主），双掌停至下丹田两侧，掌心向下，两眼瞪圆，目视前方。这是呼气过程。（图3-6）

图 3-6

③接上势。两脚原地不动，两虎爪（掌）向左上方翻转划弧，手心向左，身体随手转90°，两手距离25厘米左右，左手在上，右手在下，左手高于左肩或与眼眉同高，右手停于左侧腹前，目环视至左方。（图3-7）

④接上势不停。两手继续向右翻转划弧，手心向右，身体随手右转180°，右手在上，左手在下，两手距离25厘米左右，右手高于右肩或与眼眉同高，左手停于右侧腹前，目环视至右方。（图3-8）

图3-7　　　　　　　　图3-8

⑤接上势不停。两手继续向左翻转划弧，手心向左，身体随手左转180°，左手在上，右手在下，两手距离25厘米左右，左手高于左肩或与眼眉同高，右手停于左侧腹前，目环视至左方。（图3-9）

⑥以上动作一左一右为1遍，反复连续做3遍。自然呼吸，或起吸落呼。

图 3-9

注：这个动作的起吸落呼。一般情况下：向左转身再转身向右至中正时这个过程是吸气；继续向右转身再向左转身至中正时是呼气。

⑦接上势。向左转体，两手随转身向前方划弧至前方，随后两手下按至两胯旁；同时，含胸，提髋，收腹，再挺胸，使脊椎骨前后波动，目视前方，完成一个呼吸。（图 3-10~图 3-13）

图 3-10 　　　　　　　图 3-11

图 3-12　　　　　　　　图 3-13

【动作要领】

动作如行云流水，连绵不断，宜缓不宜急，同时动作要协调一致，做到起吸落呼，慢吸慢呼。周身放松，沉肩坠肘，松腰坐胯，微微收腹，尾闾中正，含胸拔背，虚领顶劲，采用逆腹式呼吸法。

用逆腹式呼吸法（属于小周天运行呼吸法中一种），即：吸气小腹丹田凹下，呼气小腹隆起（凸起）；或者说：吸气收缩腹部，肛门和会阴内收；呼气放松腹部，肛门和会阴也放松；用鼻吸呼。

【意境】

以意领气，从下丹田引气。上升至脉络，经督脉、任脉到锁骨下，分走两侧经云门穴，沿两臂内侧到双手，意达劳宫或者命门。

【易犯错误】

起势后不能意守，心有杂念，东张西望，身心不能放松，心情或肌肉紧张。屈膝下蹲成马步时不能做到松腰坐胯、含胸拔背、沉肩坠肘。在运爪时不能用上腰劲。

【功能作用】

通过屈膝下蹲、转身、沉肩坠肘等动作，放松腰肌，锻炼下胯，运动尾闾，全身关节都得到了活动，主要运动的是腰椎、颈椎、胯、膝、肩、肘等关节，增强腿部力量。通过眼随手动的动作达到神牵颈转，刺激肝经。意守劳宫穴使神不散，有助于心静、安神，人要安首先要心安。通过屈膝转体运髋带动运爪，主要运动髋骨，活动腰椎、颈椎、四肢随着运动；屈膝程度越大，扭胯角度越大，对脚部肌肉按摩和刺激脚部穴位效果越好，可刺激督脉、脊柱、大椎穴、涌泉等，牵动肾经、膀胱经等，固肾强体；运爪牵动心经和心包经，有助于心肾相交。主要对预防腰椎病、颈椎病、关节炎，增强心、肾功能等具有良好的作用。由于呼吸缓慢深长，使横膈膜升降，对脏腑器官起到按摩作用，可排除脏器淤血同时蠕动肠胃，以助消化。

2. 饿虎下山左式

【歌诀】

伸腿屈膝虚实明，探爪缠丝肩背功，
含胸拔背松坐胯，刺激膀胱与肾经。

【动作图解】

接上式。右脚原地不动，重心移至右脚，左腿提膝，左脚向前伸出变成左虚步，右腿屈膝坐胯，上身微前倾；同时，左右手外旋收回至腰间，手心向上，随即左右手再向前下方旋转

第三章 传统华佗五禽戏 26 式

（内旋）伸出，手心向下，停于左脚上方，手稍低，手臂与腿基本平行，目视前下方。这个过程完成一个呼吸，做深吸气或者自然呼吸。（图 3-14~图 3-16）

图 3-14

图 3-15

图 3-16

【动作要领】

左右手与左脚同时伸出要协调一致，动作缓慢连贯，如行云流水，连绵不断，暗劲发力，有形于内，外柔内刚，两手臂用内力要均衡，上身微前倾，做到含胸拔背、沉肩坠肘、松腰坐胯，重心要虚实分明。

【意境】

从下丹田引气，向下过尾闾，沿督脉至百会穴。再从百会穴下行经任脉至下丹田或意守命门穴。

【易犯错误】

上身前倾过大，虚实不分。两手臂伸缩内力不均衡。虚实转换过急与呼吸意念配合不好等。

注：深呼吸，在呼吸过程中，吸气使肺吸饱做到吸得不能再吸的程度，呼气使肺收缩残气尽量呼净，也做到肺不能再收的程度，简称吸饱呼净。

3. 摇头摆尾左式

【歌诀】

　　　　两臂划圆虚实分，牵动任督固腰肾，
　　　　起身瞪眼三焦理，疏理肾经滋肝气。

【动作图解】

①接上式。左虚步不变，重心在右脚上，头颈、上身和两手臂从下、向左、向上、向右、向下划立圆一周，双目环视，左半圈为吸气，右半圈为呼气。（图3-17~图3-19）

图3-17 　　　　图3-18 　　　　图3-19

②接上势不停。起身，头向上领劲，随即提起左膝，脚心向下，脚底与地平行；同时，两手臂从下向上抬起，屈臂停于两耳旁，虎爪心向前，重心在右脚，右腿伸直站立，怒目前视，虎视眈眈，这个过程是为吸气。（图3-20）

图3-20

【动作要领】

摇头摆尾时上身划圆速度要均匀灵活，两手臂在划圆时保持与肩同宽。手脚一起提起，起身向上时做到虚领顶劲，身体中正、含胸拔背、收腹提肛，双臂要有内力。怒目瞪眼表现虎威。

【意境】

意守命门穴，表现出虎视眈眈的威猛神态。

【易犯错误】

上身划圆不协调，虎视眈眈没有怒目而视，两手臂在划圆时不保持与肩同宽（或过宽或过窄）。

【功能作用】

屈膝坐胯主要是锻炼腿脚肌腱和骨骼，增强下肢肌肉力量，前脚尖点地成虚步，主要刺激肾经和膀胱经，改善下肢远端关节肌肉血液循环。双臂划圆摇头摆尾主要是锻炼腰部肌肉和腰椎，增强腰部肌肉力量；同时刺激膀胱经、肾经、肝经、胆经及任督二脉，活腰固肾；身躯前俯可使外力挤压五脏六腑，增加脏腑蠕动。起身引体向上时吸气，身体下落时呼气，增加肺活量，有助于改善肺功能；并牵动任督二脉及带脉；中医认为，"肝主筋，开窍于目"，怒目瞪眼，可刺激肝经，使肝血充盈，肝气疏泻，有强健筋骨的作用；肝肾同源，也有利于改善肝肾功能。

4. 饿虎扑食左式

【歌诀】

　　　　虎势眈眈显威风，怒目前扑爪先行，
　　　　着地稳健松腰胯，脚踩手按内力功。

【动作图解】

①接上式。右脚原地不动，左脚向前迈步落脚，着地成左弓步，向前踩踏时震脚（也可不震脚），上身微微前倾；同时，两手臂从肩前上方向下扑按，并停于左膝两旁，掌心向下，目视前下方。这个过程为呼气。（图 3-21）

②接上势。起身，左脚收回，自然站立，两脚保持与肩同宽；同时，收手自然下垂于两胯旁，目视前方，自然呼吸。（图 3-22）

图 3-21　　　　　　　　　图 3-22

【动作要领】

手脚向下扑按时要协调一致，震脚与手掌向下发力要一致，发力方向也要一致，做到劲往一处使；着地扑按时要求身体松沉，沉肩坠肘，松腰坐胯，震脚发力要清脆利落，手掌发力要力达掌根，手腕要瞬间坐腕发寸劲。

【意境】

以意领气，意从气海经会阴、命门、大椎，分走两肩，经云门穴沿两臂内侧到双手劳宫穴。

【易犯错误】

手脚不协调；手脚发力方向不一致，手脚的劲没有往一处使用。手脚发力时动作僵硬，没有发寸劲等。

【功能作用】

起吸落呼，增强肺活量，改善心肺功能；脚踩手按，全身向下用力时，牵动的是督脉和四肢筋骨，从而增强了四肢的肌肉力量；弓步震脚主要刺激的是涌泉穴、膀胱经、肾经等，双手下按主要刺激的是心经、心包经等，增强肾气、心气，改善心肾功能，达到心肾相交的目的。

5. 饿虎下山右式

【动作图解】

接上式。左脚原地不动，重心移至左脚，右腿提膝，右脚向前伸出变成右虚步，左腿屈膝坐胯，上身微前倾；同时，左右手外旋收回至腰间，手心向上，随即左右手再向前下方旋转（内旋）伸出，手心向下，停于右脚上方，手稍低，手臂、腿基本平行，目视前下方。这个过程完成一个呼吸，做深吸气或

者自然呼吸。（图 3-23~图 3-25）

图 3-23 　　　　图 3-24 　　　　图 3-25

歌诀、动作要领、意境和易犯错误、功能作用与饿虎下山左式相同，唯动作方向相反。

6. 摇头摆尾右式

【动作图解】

①接上式。右虚步不变，重心在左腿上，头颈、上身和两手臂从下向右、向上、向左、向下划立圆一周，双目环视，右半圈为吸气，左半圈为呼气。（图 3-26~图 3-28）

图 3-26

第三章 传统华佗五禽戏26式

图 3-27

图 3-28

②接上势不停。起身，头向上领劲，随即提起右膝，脚心向下，脚底与地平行；同时，两手臂从下向上抬起，屈臂，两手停于两耳旁，虎爪心向前，重心在左脚，左腿伸直站立，怒目前视，虎视眈眈，起身为吸气。（图3-29）

歌诀、动作要领、意境和易犯错误、功能作用与摇头摆尾左式相同，唯动作方向相反。

图 3-29

7. 饿虎扑食右式

【动作图解】

①接上式。左脚原地不动，右脚向前迈步落脚，着地成右

弓步，向前踩踏时震脚（也可不震脚），上身微微前倾；同时，两手臂由肩前上方向下扑按，并停于右膝两旁，手心向下，目视前下方。以上过程为呼气。（图3-30）

②接上势，起身，右脚收回，自然站立，两脚保持与肩同宽；同时，收手自然下垂于两胯旁，目视前方，自然呼吸。（图3-31）

图3-30 　　　　　　　　图3-31

歌诀、动作要领、意境和易犯错误、功能作用与饿虎扑食左式相同，唯动作方向相反。

8. 虎卧山洞

【歌诀】

双臂挽花引体转，旋卧盘根臂丝缠，
扭首牵动督阳脉，调理周身肾水安。

(1) 虎卧山洞左式

①接上式。两脚原地站立,以两脚为轴(左脚以脚跟为轴,右脚以脚掌为轴),身体向左后转身180°,随转身逐渐成交叉步;同时,两手臂左右打开与肩同高,随转身进行左上肢挽花,即左手臂向上经头上方向右、向下划弧一周半,右手臂向下、向左、向上经头上方向右、向下划弧一周半,两手在胸前交叉,再上下交会,手心相对,左手在上,右手在下成抱球状,向左环视后目视后方,这个过程是吸气。(图3-32~图3-37)

图3-32

图3-33

图3-34

图 3-35

图 3-36

图 3-37

②接上势不停。缓慢下蹲盘卧；同时，左手继续向下、向上内旋划弧展臂，停于左侧上方，手心向上，手稍高于头部；右手外旋向上划弧，屈肘停于右耳旁，手心向上；同时，向左扭头，眼看左手方向，这个过程是呼气。（图3-38）

图 3-38

③接上势。缓慢起身，以两脚为轴（左脚以脚跟为轴，右脚以脚掌为轴），身体向右转身180°，两脚还原站立；同时，两手臂自然下垂于两胯旁，目视前方，这个过程是一吸一呼，或自然呼吸。（图3-39）

(2) 虎卧山洞右式

①接上式。以两脚为轴（右脚以脚跟为轴，左脚以脚掌为轴），身体继续向右后转身180°，随转身逐渐成交叉步；同时，两手臂左右打开，与肩同高，随转身进行右上肢挽花，即右手臂向上经头上方向左、向下划弧一周半，左手臂向下、向右、向上经头上方向左、向下划弧一周半，两手在胸前交叉，再上下交会，手心相对，右手在上，左手在下成抱球状，向左环视，这个过程是吸气。（图3-40~图3-45）

图3-39

图3-40

图3-41

图 3-42 　　　　　　　图 3-43

图 3-44 　　　　　　　图 3-45

②接上势不停。继续缓慢下蹲盘卧；同时，右手继续向下、向上内旋划弧展臂，停于右侧上方，手心向上，手稍高于头部；左手外旋向上划弧，屈肘停于左耳旁，手心向上，然后向右扭头，眼看右手方向，这个过程是呼气。（图 3-46）

③接上势。起身，以脚为轴（右脚以脚跟为轴，左脚以脚

掌为轴），向左转身180°面向前方，两脚平行与肩同宽，自然站立；同时，两手臂自然下垂于两胯旁，手心朝里，目视前方，这个过程是一吸一呼或自然呼吸。（图3-47）

图3-46 　　　　　　　图3-47

【动作要领】

①②动作要连贯，两手臂挽花与转体，身手要协调，动作如行云流水，连绵不断，一气呵成；歇步盘卧全身要下沉，扭头、转体尽量使颈椎、脊椎螺旋；下沉盘卧和起身站立要缓慢；虎卧山洞左式，以脚为轴向左转身时，左脚以脚跟为轴、脚尖外展，右脚以脚掌为轴，脚后跟外展；虎卧山洞右式，以脚为轴向右转身时，右脚以脚跟为轴，脚尖外展，左脚以脚掌为轴，脚后跟外展；两手臂向相用内力牵拉紧扩胸要循序渐进。这个动作难度大些，中老年人根据自己的情况，来决定动作运动的幅度。

【意境】

从下丹田引气，过尾闾，沿督脉上升百会穴吸气，沿任脉下降丹田呼气。

【易犯错误】

忽视左右双臂内旋外旋；两手臂没有内张力。扭头角度不够。没有使颈椎、腰椎螺旋等。

【功能作用】

上肢挽花可提高上肢关节的灵活性，可预防肩周炎；旋转盘卧可牵拉腰背肌肉，双臂缠丝可牵拉臂膀肌肉，增强臂力；增强躯体柔韧性。刺激命门、肾俞、督脉等，促进血液循环，固肾强身，使肾气充盛，益髓强骨。

收势调息

【歌诀】

　　　　自然站立双臂起，起吸落呼调神气，
　　　　气沉丹田壮元本，威猛虎势藏心底。

【动作图解】

接上式。两脚不动，自然站立，两手臂从两胯侧向左右打开并向上抬起至头上方，手心相对；经头上方翻转手心向下，两手指尖相对，沿体前缓慢下按至腹前；继续下落两胯旁，手指向下，手心向里，两手臂自然下垂，目视前方，然后恢复预备势。（图3-48~图3-51）

图3-48

第三章 传统华佗五禽戏26式

图 3-49　　　　图 3-50　　　　图 3-51

【动作要领】

起身要缓慢，两手臂从两胯侧向左右打开并向上抬起至头上方、再下落划弧一周，动作也要缓慢；做深度呼吸。

【意境】

意守丹田。

【易犯错误】

起身不缓慢；两手臂划弧一周，动作僵硬不缓慢，没做深度呼吸等。

【功能作用】

通过本动作可引气息归原，回归于丹田，放松全身肌肉、骨骼，愉悦心情，进一步巩固练功效果，逐渐恢复到练功前安静时的状态。逆腹式呼吸、气沉丹田对意念有调节作用，这时要把虎的生活习性收敛起来，转为平静，心静如水，为转换意念做准备。

注：虎卧山洞这个动作也可以不做转身运动，步法和身法变化，手法基本不变化，方向不同。做法如下：

(1) 虎卧山洞左式

【动作图解】

①接上式。左脚原地不动，提右脚从左腿后向左边插步成交叉步；同时，两手臂左右打开，与肩同高，然后进行左上肢挽花，即左手臂向上经头顶上方向右、向下划弧一周半，右手臂向下、向左、向上经头顶上方向右、向下划弧一周半，两手在胸前交叉，再上下交会，手心相对，左手在上，右手在下成抱球状，先向左环视后目视前方，这个过程是吸气。（图3-52~图3-56）

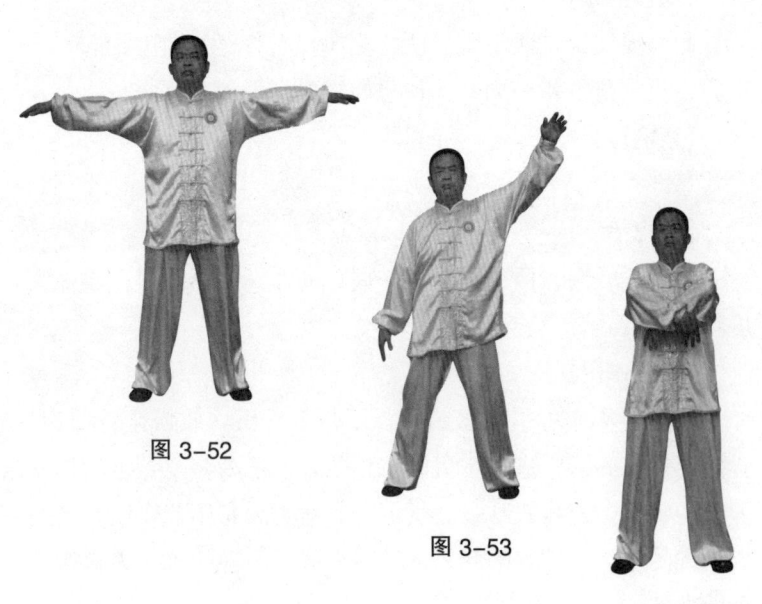

图 3-52

图 3-53

图 3-54

第三章 传统华佗五禽戏26式

图 3-55 　　　　　图 3-56

②接上势不停。缓慢下蹲盘卧；同时，左手继续向下、向上内旋划弧展臂，手心向上停于左侧上方，掌稍高于头部；右手外旋向上划弧，屈肘停于右耳旁，手心向上；然后向左扭头，眼看左手方向，这个过程是呼气。（图3-57）

③接上势。缓慢起身，左脚原地不动，右脚收回上步，使两脚保持与肩同宽，自然站立；同时，两手臂自然下垂于两胯旁，目视前方，这个过程是一吸一呼，或自然呼吸。（图3-58）

图 3-57 　　　　　图 3-58

(2) 虎卧山洞右式

【动作图解】

①接上式。提左脚从右腿后向右边插步成交叉步；同时，两手臂左右打开，与肩同高，然后进行右上肢挽花，即右手臂向上经头上方向左、向下划弧一周半，左手臂向下、向右、向上经头上方向左、向下划弧一周半，两手在胸前交叉，再上下交会，手心相对，右手在上，左手在下成抱球状，向左环视，这个过程是吸气。（图3-59~图3-63）

图 3-59

图 3-60

第三章 传统华佗五禽戏26式

图 3-61 　　　图 3-62 　　　图 3-63

②接上势不停。缓慢下蹲盘卧；同时，右手继续向下、向上内旋划弧展臂，手心向上，停于右侧上方，掌稍高于头部；左手外旋向上划弧，屈肘停于左耳旁，手心向上；然后向右扭头，眼看右手方向，这个过程是呼气。（图3-64）

③接上势。起身，右脚原地不动，左脚收回上步，使两脚平行与肩同宽，自然站立；同时，两手臂自然下垂于两胯旁，目视前方，这个过程是一吸一呼，或自然呼吸。（图3-65）

图 3-64 　　　图 3-65

43

二、鹿 戏

1. 成鹿亮角左式

【歌诀】

　　　　成鹿嬉戏触角争，两臂缠丝功内行，
　　　　扭首坐腕拉筋骨，臂引身躯弓步成。

【动作图解】

①接上式或接预备势。提左脚，脚尖向下，右腿直立；同时，两手（鹿指）上抱于腰间，手指向前，手心朝上，目视前方，这个过程是吸气。（图3-66）

②接上势不停。左脚向左方上步成左弓步，上身稍左倾；同时，两鹿指从腰间向内旋转并向左方伸出，左手臂高与肩平，左手坐腕，手心向下，右手臂停在头的上方，手心朝上，两手鹿指均向左刺出，目视左方，这个过程是呼气。（图3-67、图3-68）

图 3-66

【动作要领】

动作要连贯，缓慢柔和，亮角时要表现出鹿的嬉戏，如两鹿在抵架，力从跟出，内劲发于身，达于两掌指，亮出时用内

图 3-67

图 3-68

力循序渐进逐步加强,外柔内刚。左手要坐腕,右手要向上反撑手腕。沉肩坠肘,松腰坐胯。

【意境】

以意领气,从丹田引气至手指。换势时将意念收回下丹田或意守章门。

【易犯错误】

亮角时掌臂不旋转刺出。不坐腕,用力外现或未用内力等。

【功能作用】

通过弓步亮角(两成鹿嬉戏或争斗),两手臂向一侧逐渐向外伸展用力,牵拉肢体,主要是刺激肝经、胆经、章门穴,刺激肺经、心经,达到疏理胆经、肝经、膀胱经、肾经的作用,改善气血运行;同时增强四肢关节的灵活性,促进四肢的血液循环,四肢肌肉得到锻炼,增强身体的内力和肌肉的张力。

2. 转颈运间左式

【歌诀】

松腰下胯马步功，双臂划圆眼随行，
神领颈转刺大椎，运间还需髋骨拧。

【动作图解】

①接上式。重心右移，左脚尖向右扣与右脚平行，由弓步变成马步；同时，两手臂向上、向右、向下、向左、向上顺时针方向划圆，连续划立圆3周，目视鹿指，眼随手动；同时，胯部随两手划圆向左右、前后划平椭圆，运动尾闾3周。起手向上划弧时是吸气过程，手下落的过程是呼气，也可自然呼吸。（图3-69~图3-72）

图 3-69

图 3-70

第三章 传统华佗五禽戏 26 式

图 3-71　　　　　　　图 3-72

②以上动作，连续划到第 3 周结束时，马步不变，上身保持中正；左手臂自然伸直停于左侧，高与肩平，右手臂自然弯曲停于胸前，两手鹿指指向左方，目视左方。（图 3-73）

图 3-73

【动作要领】

上下肢要协调，达到一动全动；以上动作要自然流畅，如行云流水，连绵不断；眼随手动一刻不得离开，才能达到转颈的目的；随上肢运转带动下髋运转，目的是运动尾闾，刺激督

47

脉；起吸落呼，也可自然呼吸。

【意境】

意守尾闾穴（脊骨末端）或劳宫穴。

【易犯错误】

没有松腰坐胯和沉肩坠肘成马步。在转颈运闾时前俯后仰，只顾手臂划圆下盘不动等。眼没有随手运动带动颈部运动。

【功能作用】

中医认为"两肋属肝，肝藏血，肾藏精，二者同源"。通过摆臂运髋，可使两肋交替松紧开合，达到疏肝理气，调畅情志的功效。刺激章门穴、大椎穴和尾闾穴，牵动带脉，疏通肝经和胆经等足阴阳经，可改善腰部及下肢肌肉关节的活动功能，增强腿脚肌肉力量。上肢划圆，增强上肢关节的灵活性；中医认为"肝主筋，开窍于目"，眼随手动，可刺激肝经，使肝血充盈，肝气疏泄，有强健筋骨的作用；肝肾同源，有利于改善肾功能；通过眼随手动带动颈部运动，预防颈椎病。

3. 成鹿亮角右式

【动作图解】

①接上式。两脚原地不动，起身站立，上身保持中正，左手不变；同时，右手向右侧平开，鹿指指向右方，目向右环视，这个过程是吸气。（图3-74）

②接上势不停。重心再移到左脚上，左腿直立，右腿提起，右脚收至左脚内侧，脚尖向下，自然站立，上身保持中正；同时，左右手（鹿指）收抱于腰间，目向前环视，这个

过程是呼气。（图3-75）

图3-74 　　　　　　　图3-75

③接上势不停。右脚向右迈出一步成右弓步，上体身躯稍右倾；同时，两手臂内旋转并向右方伸出，左手停在头顶上方，手心向上，右手向右伸出鹿指，高与肩平、坐腕，手心向下，两手"鹿指"均向右刺出，目视右方，这个过程是吸气。（图3-76、图3-77）

图3-76 　　　　　　　图3-77

49

动作要领、意念和易犯错误、歌诀、功能作用与成鹿亮角左式相同，唯动作方向有所不同。

4. 转颈运闾右式

【动作图解】

①接上式。左脚原地不动，重心左移，右脚尖向左扣，右脚与左脚平行，由弓步变成马步；同时，两手臂向上、向左、向下、向右、向上逆时针方向划圆，连续划立圆3周，目视鹿指，眼随手动；同时，胯部随两手划圆向左右、前后划平椭圆，运动尾闾3周；起手向上划弧时是吸气过程，手下落的过程是呼气，也可自然呼吸。（图3-78~图3-81）

图3-78

图3-79

图 3-80　　　　　　　图 3-81

②以上动作，连续划3周，结束时，马步不变，上身保持中正；右手臂自然伸直停于右侧，高与肩平，左手臂自然弯曲停于胸前，高与肩平，两手鹿指指向右方，目视右方。（图3-82）

动作要领、意境和易犯错误、歌诀、功能作用与转颈运间左式相同，唯动作方向有所不同。

图 3-82

5. 觅巢扒草

【歌诀】

　　　　松腰坐胯半月明，侧身扭首扒草能，
　　　　舒展手臂下肢活，通络利足血气行。

(1) 觅巢扒草左式

【动作图解】

①接上式。起身，重心移到左脚，向右转身90°胸朝右方，右脚向后退一步；同时，两手向左右打开，然后下落至两胯旁，向后退步时扭头后瞧，自然呼吸。（图3-83、图3-84）

图 3-83

图 3-84

②接上势不停。重心再移至右脚，右腿屈膝下蹲成为左虚步；同时，两手臂从胸前向上划弧，在胸前交叉分开成半月形（两手臂为怀中抱月），左手划弧一周停于腹前，手心向上，右手向上划弧至头顶右侧后上方，手心向前下方，两手心遥遥相对；目随两手臂打开扭头前视，自然呼吸。（图3-85~图3-88）

第三章　传统华佗五禽戏26式

图 3-85

图 3-86

图 3-87

图 3-87 附图

图 3-88

图 3-88 附图

③接上势。上体姿势保持相对不动，左脚提起，用脚尖扒地，拟扒草状，连做3次，目视前下方，自然呼吸。（图3-89）

53

图 3-89

(2) 觅巢扒草右式

【动作图解】

①接上式。起身,重心在右脚不变,向左转身180°胸朝左方,左脚向左后方退一步;同时,两手自然下落于两胯旁,后退步时向左环视,扭头后瞧,自然呼吸。(图3-90)

②接上势不停。重心再移至左脚,左腿屈膝下蹲成右虚步;同时,两手臂从胸前向上划弧,在胸前交叉分开成半月形(两手臂为怀中抱月),右手划弧一周停于腹部前,手心向上,左手向上划弧至头左侧后上方,手心向前下方,两手心遥遥相对;随两手臂打开,扭头前视,自然呼吸。(图3-91~图3-94)

图 3-90

第三章 传统华佗五禽戏26式

图 3-91 　　　　图 3-92 　　　　图 3-93

图 3-93 附图 　　图 3-94 　　　　图 3-94 附图

③接上势。上体姿势保持相对不动，右脚提起，用脚尖扒地，拟扒草状，连做3次，双目前下视，自然呼吸。（图3-95）

图 3-95

【动作要领】

两手臂划弧要自然流畅,如行云流水,连绵不断;向上打开如花开一般,形成半月状。两手臂划弧与转身要协调。上肢姿势保持相对不动,屈膝,松腰坐胯,用脚尖扒地要运用内力。抱月扭头与胸的朝向尽量交叉成 90°,使颈项达到酸胀,运动颈项。

【意境】

左式意守左脚涌泉穴,右式意守右脚涌泉穴或意守章门穴。

【易犯错误】

低头,翘臀;扭头程度不够;上身过于前倾等。

【功能作用】

用脚尖扒地可使下肢肌肉得到锻炼,增强下肢关节的灵活性和下肢肌肉力量,刺激脚趾的末梢神经。扒草动作下肢动作对全身有放松作用,为安卧鹿巢作准备。抱月扭首、松腰坐胯运动臂部和颈项,刺激大椎穴、风池、章门等,牵拉胆经、肝经、肾经、脾经及手阴阳经，增强肝气、肾气、脾气，还可预防颈椎病。

6. 梅鹿伸腰

【歌诀】

举手提膝步调同，两臂螺旋刺太空，
蹬脚摆腿肝经疏，虚领中正双目明。

(1) 梅鹿伸腰左式

【动作图解】

①接上式。起身，上身中正，重心前移至右脚，左脚成高虚步；同时，两手下落至两胯旁，目视前方，自然呼吸。（图3-96）

②接上势。右脚原地不动，左腿缓缓提起，脚尖自然向下；同时，两手成鹿指外旋，从两胯侧提到腰间，掌心向上，双目前视，这个过程是吸气。（图3-97）

图 3-96　　　　　　　图 3-97

③接上势不停。右脚原地不动，右腿站立；左脚向正前方缓缓蹬出，脚尖向上；同时，两手内旋缓缓向头顶上方举起，停于头顶上方，指尖向上，掌心向前，目视前方，这个过程是吸气。（图3-98）

④接上势不停。右脚原地不动，左脚向左方外摆并缓缓落步；同时，两手从上左右分开再缓缓下落至两胯旁，手指向下，手心向里，目视前方；左脚着地后与右脚平行，两脚与肩同宽，恢复预备势，目视前方，这个过程是呼气。（图3-99、图3-100）

图3-98

图3-99

图3-100

(2) 梅鹿伸腰右式

①接上势。左脚原地不动，右腿缓缓提起，脚尖自然向下；同时，两手成鹿指外旋，从两胯侧提到腰间，掌心向上，双目前视，这个过程是吸气。（图 3-101）

②接上势不停。左脚原地不动，左腿站立；右脚向正前方缓缓蹬出，脚尖向上；同时，两手内旋缓缓向头顶上方举起，停于头顶上方，指尖向上，掌心向前，目视前方，这个过程是吸气。（图 3-102）

图 3-101 　　　图 3-102

③接上势不停。左脚原地不动，右脚向右方外摆并缓缓落步；同时，两手从上左右分开再缓缓下落至两胯旁，手指向下，手心向里，目视前方；右脚着地后与左脚平行，两脚与肩同宽，恢复预备势，目视前方，这个过程是呼气。（图 3-103、图 3-104）

图 3-103　　　　　　　图 3-104

【动作要领】

①②③势动作要连贯起来，提手与提膝、举手与蹬脚、手臂下落与脚外摆下落要协调一致。先提膝再用力向前慢慢蹬脚，脚尖内勾，力达脚跟；手、脚用力要协调一致。两鹿指向上旋转刺出要力达指尖，并保持两手臂平行与肩同宽。

【意境】

意守鸠尾穴（脐上七寸处）。

【易犯错误】

提膝、提手不一致；蹬脚时脚尖勾的力度不强，不能使腿后部的筋绷紧。向前蹬脚与向上举手不一致，身体不中正，落脚、落手不同步等。

【功能作用】

手成鹿指螺旋向上刺出，疏通手阴阳经，刺激大椎穴，手臂肌肉、关节得到运动，引体向上调理三焦，使颈椎、脊椎及身体肌肉得到牵引，蹬脚摆腿疏通足阴阳经，主要刺激肝经和胆经上的穴位。

7. 翘首远望

【歌诀】
　　　　鹿角缠丝指太空，虚领顶劲要中正，
　　　　引体向上眺望眼，伸筋拔骨三焦通。

(1) 翘首远望左式

【动作图解】
①接上式。右脚原地不动，重心移至右脚，右腿直立，身体保持中正；同时，左脚向后撤步、左腿向后直伸，脚尖触地，脚心向后成左高虚步；同时，两手臂从腰间向上旋转举起过头顶，手心向前，指尖向上，双目远眺（极力眺望），这个过程是吸气。（图 3-105、图 3-106）

图 3-105　　　　　　　图 3-106

②接上势不停，右脚原地不动，重心在右脚，右腿直立，身体保持中正，左脚收回至右脚左侧与右脚平行，两脚与肩同宽；同时，两手臂向左右两侧缓慢下落至两胯旁，目视前方，这个过程是呼气。（图3-107、图3-108）

图 3-107    图 3-108

(2) 翘首远望右式

【动作图解】

①接上式。重心移至左脚，左腿直立，身体保持中正；同时，右脚向后撤步，右腿向后直伸，脚尖触地，脚心向后成右高虚步；同时，两手臂从腰间向上旋转举起过头顶，手心向前，指尖向上，双目远眺（极力眺望），这个过程是吸气。（图3-109、图3-110）

②接上势不停，重心在左脚，左腿直立，身体保持中正，右脚收回至左脚内侧与左脚平行，两脚与肩同宽；同时，两手臂向左右两侧缓慢下落至两胯旁，目视前方，这个过程是呼气。（图3-111、图3-112）

第三章 传统华佗五禽戏26式

图 3-109

图 3-110

图 3-111

图 3-112

【动作要领】

翘首远望时，头向上领劲，两手向上有刺破天空之意，使全身向上拔，让身体挺拔站立。向上引领身体时要循序渐进地用内力，站稳后微微停顿，做到形断意连，起吸落呼。两腿虚实分明,两手臂向上用力时要力达手指,两臂平行,极力眺望。

【意境】

从下丹田引气,上升至任脉,经云门、腋窝下、臂内侧直贯鹿指。换式时将气收回丹田或意守章门。

【易犯错误】

掌臂向上刺时不旋转;头不向上顶;身体不挺拔,前俯后仰;不会用内力;呼吸与肢体运动配合不好;用内力不会循序渐进等。

【功能作用】

全身肌肉和骨骼得到了向上牵拉(伸筋拔骨),主要理通三焦、疏通了任脉督脉、肝经和胆经,同时对手足阴阳经均有疏导作用。全身肌肉、筋骨得到了一松一紧的锻炼。逆腹式呼吸和身体上下牵动,五脏六腑受到外力作用得到了自我按摩,促进血液循环。疏通筋骨通肝明目。对颈椎病、腰肌劳损、腰椎间盘突出有明显的预防作用。

注:在鹿戏运动中,手型鹿指始终保持不变。

收势调息

【歌诀】

自然站立双臂起,起吸落呼调神气,
气沉丹田壮元本,好触嬉戏敛心底。

【动作图解】

①接上式。两脚原地不动,上身中正,自然站立;两手臂从两侧向左右打开并向上抬起至头顶上方,手心相对,目视前

第三章　传统华佗五禽戏26式

方,这个过程是吸气。(图3-113、图3-114)

②接上势不停。两手经头顶上方翻转,手心向下,两手指尖相对,沿体前缓慢下按至腹前;继续下落至两胯旁,手指向下,掌心向里,两手臂自然下垂,目视前方,然后恢复预备势,这个过程是呼气。(图3-115、图3-116)

图 3-113

图 3-114

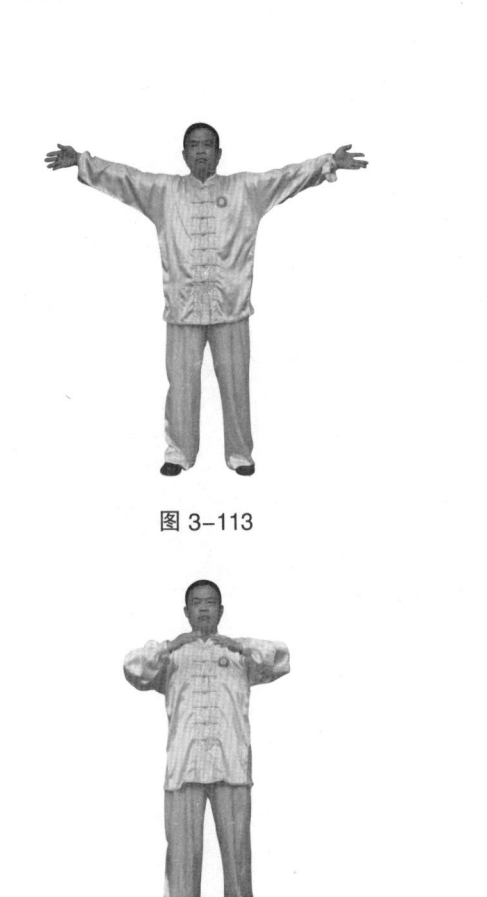

图 3-115

图 3-116

歌诀、动作要领、意境和易犯错误、功能作用与上个"收势调息"式相同。

三、熊 戏

1. 黑熊探爪

【歌诀】

转体迈步向前探，以腰为轴胯划圆，
胯带肩臂躯要松，双目环视意劳宫。

(1) 黑熊探爪左式

【动作图解】

①接上式。重心移至右脚上，左脚向后收回至右脚内侧随后再左前方45°迈出一步成鸡形步；同时，双手向左前方探出，手心向下，左手在前，右手在后，两手距离20厘米左右；然后，两手臂逆时针连续划平圆3圈；同时，腰胯也随着逆时针连续划弧3周，两眼环视，自然呼吸。（图3-117~图3-120）

图 3-117

②接上势不停。左脚收回与右脚平行，两脚与肩同宽，自然站立，身体中正；同时，两手自然下落于两胯旁，目视前方。（图3-121）

第三章　传统华佗五禽戏26式

图 3-118 　　　　　　　　图 3-119

图 3-120 　　　　　　　　图 3-121

【动作要领】

　　向左探爪要先向右扭转身体，再向左转体，欲左先右，要用腰劲，劲道是肩胯带动肢体运动，做到一动全动，牵一发动全身。上步要稳，探爪要猛也可柔，随即放松连续3周，动作缓慢进行，如行云流水，连绵不断。两手的距离保持与肩同宽，

67

手的高度保持在腹部，上不过肩，做到沉肩坠肘，松腰沉胯。前伸吸气，后拉呼气或自然呼吸。

【意境】

意守中脘穴或两手劳宫穴。

注：中脘位置在脐上 4 寸（胸骨下端至脐连线之中点）。是腑会之处。任脉的主要穴位。主治：泄泻，呕吐，腹痛，腹胀，食欲不振等。

【易犯错误】

两手臂逆时针划平圆的同时，胯不随着逆时针划弧，重心也不随着划弧而变化；也不能达到一动全动。

【功能作用】

稳步上前转体探出双手并连续做 3 次，可锻炼人的反应能力以及锻炼腰部和四肢的肌肉与关节；放松运动可促使血液循环以及锻炼身体的沉稳；带动带脉刺激足阴阳经、主要疏通膀胱经和胃经、肝经和胆经；胯划圆对五脏六腑有外力按摩作用，主要是增强肠胃的蠕动，促进消化。

(2) 黑熊探爪右式

【动作图解】

①接上式，重心移至左脚上，右脚向后收回至左脚内侧，随后再向右前方 45°迈出一步成鸡形步；同时，双手向右前方向探出，手心向下，右手在前，左手在后，两手距离 20 厘米左右。随即两手臂顺时针连续划平圆 3 圈；同时，腰胯也随着顺时针连续划弧 3 周；两眼环视，自然呼吸。（图 3-122~图 3-125）

第三章　传统华佗五禽戏26式

图 3-122

图 3-123

图 3-124

图 3-125

②接上势不停。右脚收回与左脚平行，两脚与肩同宽，身体中正；同时，两手自然下落于胯旁，目视前方。（图 3-126）

动作要领、意境和易犯错误、歌诀、功能作用与黑熊探爪左式相同，唯动作方向不同。

图 3-126

2. 笨熊游走

【歌诀】

领肩提髋周身松，神引首转意守中，
缓落大趾先着地，逐步踏实脾胃通。

【动作图解】

①接上式。重心移至右脚，右腿微屈站立，上身中正，提左髋，向前领右肩，向左转身90°；同时，屈两臂，掌心向下，随转身模仿爬行，即左掌向左后爬，右掌向左前爬，左手在后，右手在前，向左方扭首环视，这个过程是吸气。（图 3-127）

②接上势不停。松髋，左脚下落，左大脚趾、二脚趾先着地，逐步踏实左脚；同时，向右转身180°，右肩向右还原，自然屈两臂，手掌心向下，向右环视，这个过程是呼气。（图 3-128）

第三章 传统华佗五禽戏26式

图 3-127 　　　　　　　　　图 3-128

③接上势不停。重心移至左脚，左腿微屈站立，上身中正，提右髋，向前领左肩，向右继续转身180°；同时，屈两臂，掌心向下，随转身模仿爬行，即右掌向右后爬，左掌向右前爬，右手在后、左手在前，向右扭首环视，这个过程是吸气。（图3-129）

④接上势不停。松髋，右脚下落，右大脚趾、二脚趾先着地，逐步踏实右脚；同时，随着落右脚向左转身180°，左肩向左还原，自然屈两臂，手掌心向下、向左环视，这个过程是呼气。（图3-130）

图 3-129 　　　　　　　　　图 3-130

71

⑤以上笨熊游走动作，左一步右一步，交替缓慢步行，走出熊的沉稳。连续在原地走 3 步或走 6 步，游走结束还原预备势。以上运动，起步是吸气，落脚是呼气。初学者也可自然呼吸。（图 3-131）

图 3-131

【动作要领】

手脚配合要适当，动作缓慢进行，游走时要提髋领肩，即肩、胯带动肢体和躯体运动。呼吸与身体运动要协调一致，脚落地时大脚趾先着地，再逐步踏实，根据人的情况，脚也可不全部踏实，只前脚掌着地，脚后跟不着地。扭首环视要与提髋领肩配合一致，左右转颈强度要大，扭至不能再扭的程度。

【意境】

意守中脘穴。

【易犯错误】

游走时做不到提髋领肩，掌握不好肩胯的劲道；身体紧张，不能放松；脚落地时整脚板同时接触地面；提髋领肩忘记扭首；忘记左右环视等。

【功能作用】

提髋领肩带动四肢和躯体运动，肢体运动产生的外力作用使五脏六腑得到按摩，增强蠕动；转头使颈部得到锻炼以及双目环视刺激肝经，调节心情；大脚趾先着地缓慢下落，自身重量可使大脚趾、二脚趾充分受力，刺激隐白、内庭、三阴交、足三里等，疏通脾经胃经以及牵动任督二脉；对下肢肌肉发育和促进消化有良好作用,增强下肢肌肉力量;增强脾气预防胃病、颈部病等。

3. 笨熊晃体左式

【歌诀】

　　　　前后晃动肩划圆,肩带躯臂脾胃安,
　　　　虚实转换松腰胯,起吸落呼意中脘。

【动作图解】

①接上式。重心移至右脚,向左转体45°,随即左脚向左前方45°迈出一步,重心逐步移至左脚成左弓步;同时,两肩顺时针划圆,带动两手臂(两手臂自然伸开,手心向里)作晃体动作。(图3-132、图3-133)

图 3-132

图 3-133

②接上势不停。身体重心移至右脚，右腿屈膝向后坐胯，左腿随重心后移慢慢伸直，脚尖向上；同时，左手臂在左肩的晃动下，向左、向上抬起顺时针划立圆，然后收回左胯旁；右手臂在右肩的晃动下，向左、向上抬起顺时针划立圆，然后收回右胯旁，目视左前方。（图3-134~图3-136）

以上①②反复做3次，自然呼吸。

图3-134

图3-135

图3-136

【动作要领】

以两肩划圆带动两手臂运动，即以肩带动臂，臂驱动手，两肩一高一低地顺时针划圆运动，连续划圆3周，身体前后晃动3次，随身体晃动重心前后移动3次。手臂自然伸直，两手侧掌，手心向里缓慢划立圆；肩臂与屈膝运动要协调一致，做到起吸气，落呼气，松腰坐胯。

【意境】

意守中脘穴（腑之会穴、胃之募穴、任脉的主要穴位）。

【易犯错误】

不是肩带动两臂，而是臂带动两肩；前俯后仰，下盘不动；重心不随着晃体前后移动等。

【功能作用】

肩胯运动带动全身运动，使脾、胃、大肠、小肠受外力得到按摩运动；重心移动使下肢交替受力，下肢关节、肌肉、肌腱都得到了锻炼，并刺激隐白、涌泉、三阴交、足三里等穴位，疏理脾胃经络，主肌肉发育。肩划圆可使肩部、颈部肌肉得到放松与锻炼，预防肩周炎、颈椎病等。前后晃动可提高人的躲闪能力和对外界的风险避让能力。

4. 笨熊推掌左式

【歌诀】

欲进则退猛上前，翻掌发力大无边，
含胸拔背刚柔济，蓄吸发呼意劳丹。

【动作图解】

①接上式。重心前移至左脚，左腿屈膝前弓，两手慢慢向左前方抄起，手心向上。（图 3-137、图 3-138）。

②接上势不停。重心后移至右脚，右腿微屈独立，左脚收回，脚尖点地或者悬空成左虚步；同时，双手收回胸前，手心向内，目视左前方。（图 3-139）

以上①②过程为吸气。

图 3-137　　　　　　　　　　　　　　　　

图 3-138

图 3-139

③接上势不停，身体微微向右扭转，向右回顾，继续吸气。（图3-140）

④接上势不停。快速向左转回，随转身左脚向左前方快速迈出成左弓步；同时，双手向左前方推出，力达掌根，指尖向上，手心向左前方，目视左前方，这个过程为呼气。（图3-141）

图 3-140 　　　　　　　　图 3-141

⑤接上势。向右转身45°面向前方；同时，重心向后移至右脚，左脚收回与右脚平行，两脚与肩同宽，自然站立；同时，双手收回于两胯旁，目视前方，自然呼吸。（图3-142）

【动作要领】

双掌向前抄起收回腰间或胸前时吸气（是蓄力的过程），吸气要慢；双掌旋转推出（爆发力）呼气，呼气要快，是蓄吸发呼的典型动作。推掌时翻掌发力，要爆发寸劲（闪电式发力，爆发后立即放松），发力要整。力从跟出（两脚要用力蹬地），通过转体要用好腰劲。发力的同时也可用鼻发音（嗡）。

图 3-142

【意境】

以意领气，从丹田引气，气达劳宫。吸气时先想丹田，呼气时意想劳宫穴。动作结束意气收回丹田。

【易犯错误】

发力不整，发力僵硬，没有用腰劲，力未从跟出，处理不好松与紧的关系，手脚不协调等。

【功能作用】

在身体蓄力时，以肩带臂，臂驱手，引领身体前后运动，拉动任督二脉，主要刺激大椎穴、命门、肾俞、涌泉、三阴交等经络穴位；疾步上前猛力推掌锻炼人的反应速度，同时提高人的肌肉爆发力，达到释放能量的目的。发出声音可提高肺功能。蹬地推掌，手足三阴三阳经都得到了疏通。

5. 笨熊晃体右式

【动作图解】

①接上式。重心移至左脚，向右转体45°，随即右脚向右前方45°迈出一步，重心逐步移至右脚成右弓步；同时，两肩逆时针划圆，带动两手臂（两手臂自然伸开，手心向里）做晃体动作。（图3-143、图3-144）

图3-143 　　图3-144

②接上势不停。身体重心移至左脚，左腿屈膝，向后坐胯，右腿随重心后移并慢慢伸直，脚尖向上；同时，右手臂在右肩的晃动下，向右、向上抬起逆时针划立圆，然后收回右胯旁；左手臂在左肩的晃动下，向右、向上抬起逆时针划立圆，然后收回左胯旁，目视右前方。（图3-145~图3-147）

图3-145

第三章　传统华佗五禽戏26式

图 3-146 　　　　　　　图 3-147

以上①②反复做3次，自然呼吸。

动作要领、意境和易犯错误、歌诀、功能作用与笨熊晃体左式相同，唯动作方向不同。

6. 笨熊推掌右式

①接上式。重心前移至右脚，右腿屈膝前弓，两手慢慢向右前方抄起，手心向上。（图3-148、图3-149）

图 3-148 　　　　　　　图 3-149

79

②接上势不停。重心后移至左脚，左腿微屈独立，右脚收回，脚尖点地或者悬空成右虚步；同时，双手收回胸前，手心向上，目视右前方。（图3-150）

以上①②过程为吸气。

③接上势不停。身体微微向左扭转，向左回顾，继续吸气。（图3-151）

④接上势不停。快速向右转回，随转身右脚向右前方快速迈出成右弓步；同时，双手向右前方推出，力达掌根，指尖向上，手心向右前方，目视右前方，这个过程为呼气。（图3-152）

⑤接上势。向左转身45°面向前方；同时，重心向后移动至左脚，右脚收回与左脚平行，两脚与肩同宽，自然站立；双手同时收回于两胯旁，目视前方，自然呼吸。（图3-153）

图3-150

图3-151 　　　　图3-152 　　　　图3-153

动作要领、意境和易犯错误、歌诀、功能作用与笨熊推掌左式相同，唯动作方向不同。

收势调息

【歌诀】

　　自然站立双臂起，起吸落呼调神气，
　　气沉丹田壮元本，收敛熊心不再提。

【动作图解】

①接上式。两脚原地不动，上身中正，自然站立；两手臂从两侧向左右打开，向上抬起至头顶上方，手心相对，目视前方，这个过程是吸气。（图 3-154）

②接上势不停。两手经头顶上方翻转，掌心向下，两手指尖相对，沿体前缓慢下按至腹前；继续下落两胯旁，手指向下，掌心向里，两手臂自然下垂，目视前方，然后恢复预备势，这个过程是呼气。（图 3-155、图 3-156）

图 3-154 　　　　图 3-155 　　　　图 3-156

歌诀、动作要领、意境和易犯错误、功能作用与虎戏的"收势调息"式相同。

四、猿 戏

1. 白猿欢跳

【歌诀】

左右欢跳身法灵，手急眼快双肩耸，
提膝独立左右望，意守鸠尾松紧功。

(1) 白猿欢跳左式

【动作图解】

接上式。左脚向左侧横跳一步，着地后左腿微屈站立（或屈膝半蹲，屈膝程度看自身情况而定），重心在左脚上，右腿屈膝提起（膝尽量上提），脚尖向下；同时，左手向左侧前方伸臂抓起，立即收回变成勾手停于左耳腮旁，左肘下坠，右手依次向左侧前方伸臂抓起，立即收回变成勾手停于右胯上方，右肘下坠；双手分别收回后随即耸肩（要极力上耸、微微停顿）松胯，身法要做到收腹提肛，尾闾垂地，目视右上方，起跳过程为吸气，下落过程为呼气，快吸慢呼。（图3-157）

图 3-157

(2) 白猿欢跳右式

【动作图解】

接上式。身体放松，落腿落手，右脚在下落的过程中向右侧横跳一步，着地后右腿微屈站立（或屈膝半蹲，屈膝程度看自身情况而定），重心在右脚上，左腿屈膝提起（膝尽量上提），脚尖向下；同时，右手向右侧前方伸臂抓起，立即收回成勾手停于右耳腮旁，右肘下坠，左手依次向右侧前方伸臂抓起，立即收回成勾手停于左胯上方，左肘下坠；双手分别收回后随即耸肩（要极力上耸、微微停顿）松胯，身法要做到收腹提肛，尾闾垂地，目视左上方，起跳过程为吸气，下落过程为呼气，快吸慢呼。（图 3-158）

图 3-158

【动作要领】

跳跃时身法要灵活，眼神敏捷，前抓回收急速，猿勾手时要做到迅猛屈腕，使手腕有酸痛感。练形取意，做到收腹、提肛、尾闾垂地，耸肩要极力上耸，微停顿，松胯下沉。正确处理动静关系：跳跃时为动，定势收缩时为静（这时是外静内动）；同时处理好松紧关系，跳跃时为松，定势收缩时为紧。以上动作与呼吸配合是快吸慢呼，起跳过程吸气要快些，下落呼气要慢些。在跳跃过程中要完成双手交替向前抓的动作。

【意境】

意想鸠尾穴或劳宫穴。

【易犯错误】

跳跃时身法不灵活；没有做到收腹、提肛、尾闾垂地和耸肩松胯，或耸肩不够极力；不能正确处理静动关系和松紧关系。在跳跃过程中，双手没有完成交替向前抓的动作，要么先抓后跳，要么跳后再抓。

【功能作用】

左右跳跃能增强下肢的弹跳力和关节的灵活性。手快速极力抓回迅猛屈腕，可提高人的反应能力，也锻炼上肢关节的灵活性，牵动心经、心包经、小肠经等。手快速极力抓回迅猛屈腕，可提高心功能，因心经、心包经的走向规律是从胸走向手，经肩、肘、腕、手到达指端，其目的是为了使心经、心包经及其位于腕部的神门、大陵两个原穴受到良性刺激，进行自我按摩，以提高心脏功能，疏通心经和心包经脉，消积化瘀，理气和血，防治冠心病等心血管系统疾病等。

2. 亮篷远望

【歌诀】

　　　　目随手动打亮篷，手臂外旋疏心经，
　　　　沉肩坠肘松腰胯，屈膝下蹲丁步成。

(1) 亮篷远望左式

【动作图解】

①接上式。重心在右脚上，左脚向左后方45°退出一步，脚尖点地成右弓步；同时右手向右前方45°伸出，手心向下，左勾手屈臂停于左肋旁，目视右前方，这个过程是吸气。（图

3-159)

②接上势不停。重心向后移至左脚,身体向左转体90°胸向左,右脚收回至左脚内侧,脚尖点地成右丁步;同时,右手向下、向上划弧至左胸前,左勾手屈臂于左肋旁不变,目视右手,这个过程是呼气。(图3-160、图3-161)

③接上势不停。重心在左脚上,右腿屈膝下蹲,右脚尖点地成右丁步,胸朝左;同时,右手翻转外旋停于左眼上方成打亮篷式,随即两肩上耸,两眼轮视,从左向右快速扭头,眼向右上方眺望;左勾手置于左肋旁不变,这个过程是呼气。(图3-162)

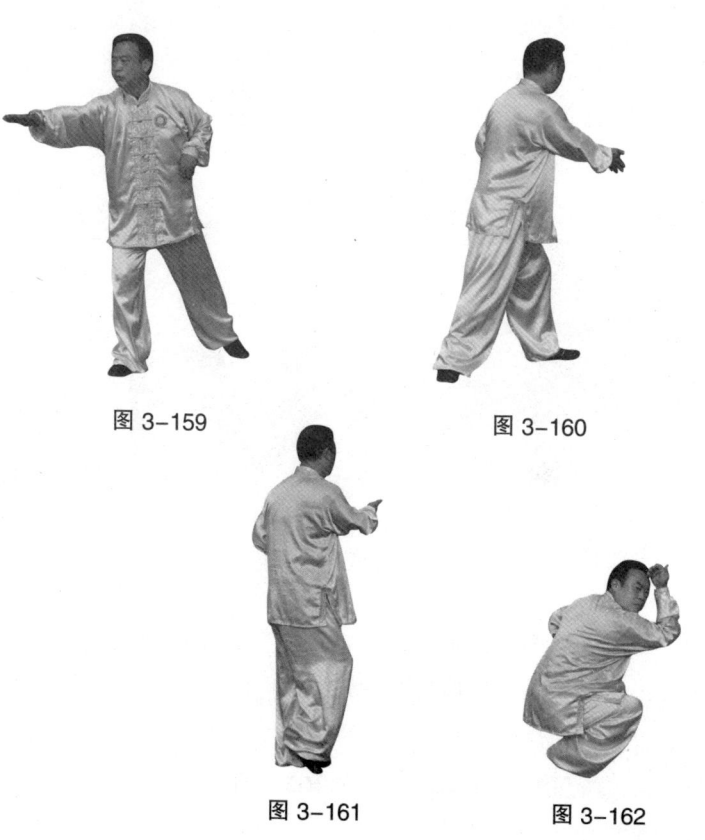

图 3-159　　　　　　图 3-160

图 3-161　　　　　　图 3-162

(2) 亮篷远望右式

【动作图解】

①接上式。起身站立，向右转身90°，两脚踏实，右手变勾手下落至右肋旁，左勾手屈臂于左肋旁不变，目视左前方，这个过程是吸气。（图3-163）

②接上势不停。左脚原地不动，重心在左脚上，右脚向右后方45°退一步，脚尖点地成左弓步；同时，左手向左前方45°伸出，手心向下，右勾手屈臂停于右肋旁，目视左前方，这个过程是吸气。（图3-164）

图 3-163 　　　　　图 3-164

③接上势不停。重心向后移至右脚，身体向右转体90°胸向右，左脚收回至右脚内侧，脚尖点地成左丁步；同时，左手向下、向上划弧至右胸前，右勾手屈臂置于右肋旁不变，目视左手，这个过程是呼气。（图3-165、图3-166）

第三章 传统华佗五禽戏 26 式

图 3-165

图 3-166

④重心在右脚上，右腿屈膝下蹲，左脚尖点地成左丁步，胸朝右；同时，左手翻转外旋停在右眼上方成打亮篷式，随即两肩上耸，两眼轮视，从右向左快速扭头，眼向左上方眺望；右勾手置于右肋旁不变，这个过程是呼气。（图 3-167）

图 3-167

【动作要领】

手打亮篷时要眼随手动，转头向斜上方眺望时要快，打亮篷时要反应出猿的机灵。向前方伸手与后辙步要协调一致，两眼轮视与手、身法协调一致，手打亮篷与身体下蹲协调一致。

【易犯错误】

屈膝下蹲时上身过于前倾。手打亮篷时手臂外旋程度不够强，没有达到手臂不能再旋动的程度。左右转头不快、不利索。眼不随手动。手、眼、身法不协调等。

87

【功能作用】

手臂外旋屈腕并放在眼眉上方，牵拉手臂肌腱，刺激神门和大陵两原穴，疏通心经、小肠经和心包经。转头使颈部肌肉和颈椎得到锻炼，主要刺激大椎穴。下蹲增强腿肌腱张力，由于肌肉肌腱的牵拉，主要疏通胃经。增强四肢关节灵活性；含胸拔背疏通督脉。

3. 白猿献果

【歌诀】

白猿献果要虔诚，俯身托桃未所求，
真心意守劳宫穴，臂旋心诚献仙寿。

(1) 白猿献果左式

【动作图解】

①接上式。起身转体135°站立，胸朝左前方，左脚尖点地，重心在右脚；同时，左手下落于胸前，手心向下，右勾手变自然掌屈臂置于右肋旁，目视左前方，这个过程是吸气。(图3-168)

②接上势不停。左脚向左前方迈一步，随时右脚跟步上前，与左脚平行，两脚与肩同宽；同时，两勾手变手掌，手

图 3-168

第三章 传统华佗五禽戏 26 式

臂自然弯曲，手心向下、向左右打开，然后两手外旋向下划弧，经两胯再向上抬起至腹前，手心向上，目视左前下方，这个过程是吸气。（图 3-169、图 3-170）

图 3-169

图 3-170

③接上势不停。两脚原地不动，两腿屈膝下蹲；同时，两手外旋向上托起至向头顶上方做献桃状，手心向上，目视左前下方，这个过程是呼气。（图 3-171）

（2）白猿献果右式

图 3-171

【动作图解】

①接上式。起身站立，胸朝左前方，两脚踏实；两手下落于腹前，手心向下，目视左前方，这个过程是吸气。（图 3-172）

②接上势不停。向右转身 90°，右脚向右前方迈一步，左

89

脚跟步上前，与右脚平行，两脚与肩同宽；同时，手臂自然弯曲，手心向下、向左右打开，然后两手外旋向下划弧，经两胯再向上抬起至胸前，手心向上，目视右前方，这个过程是吸气。（图3-173、图3-174）

③接上势不停。两脚原地不动，两腿屈膝下蹲；同时，两手掌外旋向上托起至向头顶上方做献桃状，掌心向上，目视右前下方，这个过程是呼气。（图3-175）

图3-172

图3-173

图3-174

图3-175

【动作要领】

起身、转身要灵活；下蹲要收敛臀，做到下蹲时收腹提肛；手向上托时手臂尽量外旋，牵动臂内侧肌肉；托桃献果要表现出喜悦的心情等。

【意境】

意守劳宫穴。

【易犯错误】

身法不灵活、呆板，托起时手臂过于弯曲。托起的高度与外旋程度不够，手臂内侧肌肉没有得到拉紧等。

【功能作用】

蹲、站转身时全身放松，缓解疲劳。身体下俯牵拉躯体，疏理督脉。两臂划圆外旋托起，牵动上肢肌腱关节，刺激心经、心包经各穴位。通过献桃运动来调节人的情志。

4. 白猿抓痒

【歌诀】

转体挽花盘根生，抓痒掌腕需轻灵，
屈指抓痒疏心经，心头喜悦在膻中。

(1) 白猿抓痒左式

【动作图解】

①接上式，起身转体45°站立，左脚向左横迈一步；同时，两手下落于两胯旁，目视前方，这个过程是吸气。（图3-176）

②接上势不停。两脚原地不动，自然站立，身体中正；两手臂向左右打开，目视前方。（图3-177）

图 3-176 　　　　　　图 3-177

③接上势不停。两手做左上肢挽花动作，即左手臂向上经头上方向右、向下、向左、再向上划圆一周半，停于胸前，右手臂向下经腹前向左、向上、向右、再向下划圆一周半停于腹前，两手在胸前上下交会成抱球状，手心相对，左手在上，右手在下；同时，右脚经左腿后向左侧插步成右高歇步，重心在左脚上，目视前方。（图 3-178~图 3-181）

图 3-178 　　　　　　图 3-179

第三章 传统华佗五禽戏26式

图 3-180 　　　　　　　　图 3-181

④接上势不停。双腿屈膝下蹲成高歇步，然后重心下降到低歇步（也叫枯树盘根）；同时，两手继续左上肢挽花，右手上提右鬓角处，左手停左肋侧，上身微右倾，头向左转 90°，向右微倾斜，目视左上方。这时低歇步缩身稍停，左右手抓痒3 次以上，右手抓右鬓角，左手抓左软肋处。（图 3-182）

⑤接上势不停。歇步不动，上身微左倾，头向右转 90°，向左微倾斜，目视右上方；同时，左手移到左鬓角处，右手移到右肋侧处。这时低歇步缩身稍停，左右手抓痒3次以上，左手抓左鬓角，右手抓右软肋处。（图 3-183）

图 3-182 　　　　　　　　图 3-183

93

⑥接上势不停。歇步下肢不动，上肢中正向前，两手移至胸口，左右手同时在胸口处抓痒各3次，目视前方。（图3-184）

⑦接上势不停。起身站立，右脚抽回与左脚平行，两脚与肩同宽；同时，两手自然下落于两胯旁，目视前方，自然呼吸。（图3-185）

图3-184 　　　　　　　　图3-185

①②③④⑤⑥动作与呼吸的配合上是自然呼吸，或者是①②③插步挽花为吸气，④⑤⑥下蹲抓痒为呼气。

(2) 白猿抓痒右式

【动作图解】

①接上式。两脚原地不动，自然站立，身体中正；两手臂向左右打开，目视前方。（图3-186）

②接上势不停。两手做右上肢挽花动作，即右手臂向上经头上方向左、向下、向右、再向上划圆一周半，停于胸前，左

第三章 传统华佗五禽戏26式

手臂向下经腹前向右、向上、向左、再向下划圆一周半停于腹前,两手在胸前上下交会成抱球状,手心相对,右手在上,左手在下;同时,左脚经右腿后向右侧插步成左高歇步,重心在右脚上,目视前方。(图3-187~图3-190)

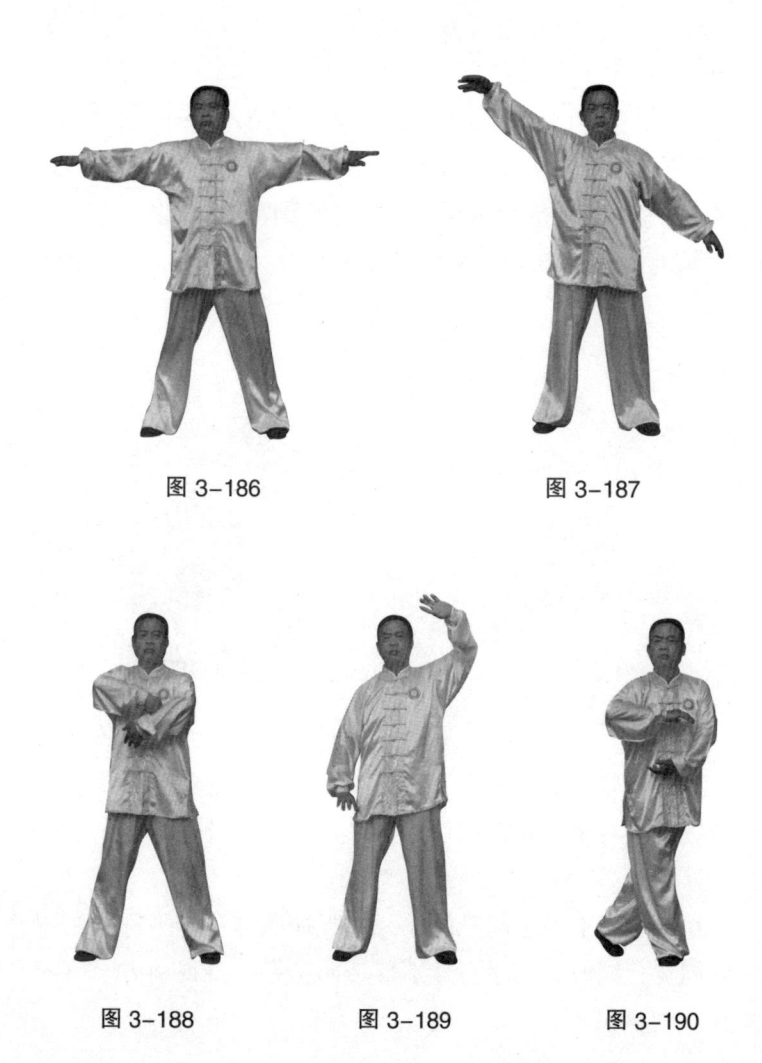

图 3-186

图 3-187

图 3-188

图 3-189

图 3-190

③接上势不停。两腿屈膝下蹲成高歇步，然后重心下降到低歇步（也叫枯树盘根）；同时，两手继续右上肢挽花，左手上提左鬓角处，右手停右肋侧，上身微左倾，头向右转90°，向左微倾斜，目视右上方。这时低歇步缩身稍停，左右手抓痒3次以上，左手抓左鬓角、右手抓右软肋处。（图3-191）

④接上势不停。歇步不动，上身微右倾，头向左转90°向右微倾斜，目视左上方；同时，右手移到右鬓角处，左手移到左肋侧处。这时低歇步缩身稍停，左右手抓痒3次以上，右手抓右鬓角，左手抓左软肋处。（图3-192）

图3-191 　　　　　　　图3-192

⑤接上势不停。歇步下肢不动，上肢中正向前，两手移至胸口，左右手同时在胸口处抓痒各3次，目视前方。（图3-193）

⑥接上势不停。起身站立，左脚抽回与右脚平行，两脚与肩同宽；同时，两手自然下落于两胯旁，目视前方。（图3-194）

图 3-193

图 3-194

①②③④⑤⑥动作与呼吸的配合上是自然呼吸，或者是①②③插步挽花为吸气，④⑤⑥下蹲抓痒为呼气。

【动作要领】

上肢挽花动作要流畅协调，全身要放松，如行云流水、连绵不断。下蹲盘根要缓、稳，两手抓痒要手腕灵活，要用腕力。两眼左顾顾右盼盼，要表现出白猿的机敏与玩劣。用最喜悦的心情做这个动作，来调节人的情志。

【意境】

意守膻中穴。

【易犯错误】

动作僵硬，不流畅、不协调，两手抓痒手腕不灵活等。

【功能作用】

挽花盘根牵拉四肢肌腱、活动关节，增强关节的灵活性，疏通手足三阴三阳经络。屈腕抓痒刺激心经的神门穴、心包经的大陵穴，使心经的气血疏通。抓膻中穴刺激任脉，向下理气。抓肋下章门穴刺激肝经，调理脏腑。

注：①大陵穴是手厥阴心包经的俞穴和原穴。大陵穴在腕掌横纹的中点处，当掌长肌腱与桡侧腕屈肌腱之间。其治疗精神神志疾病，主治心痛、心悸、胃痛、呕吐、惊悸、癫狂、痫证、腕关节疼痛、喜笑悲恐。配劳宫治心绞痛、失眠等。②章门穴系足太阴、厥阴、阴维之会，肝之募穴，脏会穴，穴位在腋中线，第一浮肋前端，屈肘合腋时正当肘尖尽处。统治五脏疾病，疏肝健脾，理气散结，清利湿热。

收势调息

【歌诀】

自然站立双臂起，起吸落呼调神气，
气沉丹田壮元本，心安神定猿心意。

【动作图解】

①接上式。两脚原地不动，上身中正，自然站立；两手臂从两侧向左右打开然后向上抬起至头上方，手心相对，目视前方，这个过程是吸气。（图3-195、图3-196）

②接上势不停。两手经头顶上方翻转，掌心向下，两手指尖相对，沿体前缓慢下按至腹前；继续下落两胯旁，手指向下，掌心向里，两臂自然下垂，目视前方，然后恢复预备势，这个过程是呼气。（图3-197、图3-198）

歌诀、动作要领、意境和易犯错误、功能作用与虎戏"收势调息"式相同。

第三章 传统华佗五禽戏26式

图 3-195

图 3-196

图 3-197

图 3-198

99

五、鸟 戏

1. 飞鹤展翅

【歌诀】

以肩带臂全身松，开吸合呼肺量增，
重心转换虚实分，意守气海或劳宫。

(1) 飞鹤展翅左式

【动作图解】

①接上式。右脚原地不动，向左转身45°，左脚向左前方迈出一步，脚后跟先着地，重心前移，左腿屈膝前弓站立，右脚跟拔起，脚尖点地；同时，两手臂向左前上方划弧，鸟指指尖指向左前方，手心相对，高不超过肩，目视左前方，这个过程是吸气。（图3-199~图3-201）

图3-199 　　　图3-200 　　　图3-201

②接上势不停。重心后移,右腿屈膝后坐,左腿随重心后移自然伸直,脚后跟着地,脚尖向上,左腿在前成左虚步;同时,两手臂自然伸直向左右划弧舒展张开,手心向左前方,鸟指指尖指向左右,目视左前方,这个过程是吸气。(图3-202)

③接上势不停。重心前移,左腿屈膝前弓站立,右腿在后,脚后跟拔起,脚尖点地;同时,两手臂向身前划弧合抱,手心相对,鸟指指尖指向左前方,这个过程是呼气。(图3-203)

图 3-202 　　　　　　图 3-203

以上动作①②③连做3次。

④接上势。第3次两手臂向身前划弧合抱后,重心后移至右脚,左脚收回与右脚平行,两脚与肩同宽,向右转身45°面向前方;同时,两手下落至两胯旁,双臂自然下垂,手心向里,还原预备势,这个过程是呼气。(图3-204)

图 3-204

【动作要点】

手、眼、身、法、步要协调配合，一动全身皆动，连续开合3次，动作如行云流水，连绵不断。做到开吸、合呼，要做深呼吸，慢吸慢呼。重心向前移动，脚后跟拔起，重心向后移动，脚尖翘起。双臂的劲道是肩带臂、臂驱手，手臂关节要放松自然，不要用力，三角肌肉收缩力能将手臂抬起来就行。

【意境】

意想下丹田（气海）或双手劳宫穴。

【易犯错误】

手、眼、身、法、步不协调，动作僵硬不自然。虚实转换时上身前俯后仰，没有做到松腰坐胯。手带动肩运动，不是肩带动手臂运动等。

【功能作用】

通过两臂开合，主要是肩关节得到了活动，肘关节、腕关节、指关节也得到了充分活动，可预防肩周炎等。通过上肢的伸展疏通肺经、心经等经络。身体重心的转换下肢各关节也得到了充分活动，可预防股骨头病等。开合深呼吸可增强肺活量。脚尖内勾，松腰坐胯，主要刺激膀胱经，增肾气，预防腰痛。

(2) 飞鹤展翅右式

【动作图解】

①接上式。左脚原地不动，向右转身45°，右脚向右前方迈出一步，脚后跟先着地，重心前移，右腿屈膝前弓站立，左脚后跟拔起，脚尖点地；同时，两手臂向右前上方划弧，鸟指指尖指向右前方，手心相对，高不超过肩，目视右前方，这个过程是吸气。（图3-205~图3-207）

图3-205　　　　图3-206　　　　图3-207

②接上势不停。重心后移，左腿屈膝后坐，右腿随重心后移自然伸直，脚跟着地，脚尖向上，右腿在前成右虚步；同时，两手臂自然伸直向左右划弧舒展张开，手心向右前方，鸟指指尖指向左右，目视右前方，这个过程是吸气。

（图 3-208）

③接上势不停。重心前移，右腿屈膝前弓站立，左腿在后，脚跟拔起，脚尖点地；同时，两手臂向身前划弧合抱，手心相对，鸟指指尖指向右前方，这个过程是呼气。（图3-209）

以上动作①②③连做 3 次。

图 3-208　　　　图 3-209

④接上势。第 3 次两手臂向身前划弧合抱后，重心后移至左脚，右脚收回与左脚平行，两脚与肩同宽，向左转身45°面向前方；同时，两手下落至两胯旁，两臂自然下垂，手心向里，还原成预备势，这个过程是呼气。（图 3-210）

图 3-210

动作要领、意境和易犯错误、歌诀、功能作用与飞鹤展翅左式相同，唯动作方向相反。

2. 群鹤净身左式

【歌诀】

以臂带肩虚实清，疏通掌足阴阳经，
牵动任督二大脉，起吸落呼肺气增。

【动作图解】

①接上式。右脚原地不动，向左转身45°，左脚向左前方迈出一步，脚后跟先着地，重心前移，左脚逐步踏实，左腿屈膝前弓站立，右脚跟拔起，脚尖点地，上身微前俯；同时，左手臂向左前下方划弧伸出，鸟指指向左前下方，掌心向下，右手向右后方划弧伸出，鸟指指尖斜向下，掌心向右后方置于右胯后，目视左前下方，这个过程是吸气，要慢吸气。（图 3-211~图 3-213）

图 3-211 　　　　图 3-212 　　　　图 3-213

②接上势不停。重心后移，右腿屈膝后坐，左腿随重心后移自然伸直，脚跟着地，脚尖向上，左腿在前成左虚步，上身中正；同时，左手臂向上、向后划弧抽回至左胯旁，右手臂向左前上方划弧，置于头顶上方，手心向左前方，目视左前方，这个过程是呼气。（图 3-214、图 3-215）

图 3-214 　　　　　　图 3-215

③接上势不停。两脚位置不变，重复做①②动作，连续做 3 次。重心前后移动 3 次，左右手臂上下划椭圆 3 周。最后一次结束时，起身，重心移至右脚，向右转身 45°面向前方，左脚收回与右脚平行，两脚与肩同宽；同时，两手收回下落至两胯旁，目视前方，还原预备势，完成呼吸。（图3-216）

图 3-216

【动作要点】

身体前倾过程吸气，向后坐过程呼气，连续做3次，要做深呼吸。手、眼、身、法、步要协调一致，动作放松自然，用意不用力，如行云流水，连绵不断，表示群鹤洗澡净身。两手臂上下前后划弧线，两手臂的劲道是手带臂、臂带肩，肩领身体运动。重心前移屈左膝，重心后移屈右膝坐胯。

【意境】

意守下丹田（气海）或劳宫穴。

【易犯错误】

手、眼、身、法、步不协调，动作僵硬不自然。虚实转换时上身后仰，没有做到松腰坐胯。肩带动手运动，不是手带动肩臂运动等。

【功能作用】

通过手臂模仿鸟的翅膀做抄水动作，抡臂划弧3周，可带动肩膀，牵动身体左右两侧肌肉运动，使肩关节得到充分运动，可预防肩周炎；同时手三阴三阳经络得到了疏理，身体的重心前后移动，使下肢关节、肌腱得到了运动；刺激足部穴位，足三阴三阳经络也得到了疏理。起吸落呼，做深呼吸，提高肺活量，改善肺功能。

3. 摇身抖水左式

【歌诀】

屈膝下蹲亦摇动，边起边摇身中正，
从头到脚瞬间抖，肌腱百骸皆轻松。

【动作图解】

①接上式。两脚原地不动,重心平分于两脚上,以腰为轴,左右摇动身体,一边摇身一边两腿屈膝慢慢下蹲;同时,两手自然下垂,随身体摇摆而摆动,目视前方,这个过程是呼气。(图3-217~图3-219)

图3-217

图3-218

图3-219

②接上势不停。头先向上领劲,继续以腰为轴,左右摇动身体,一边摇身一边两腿屈膝慢慢站立,并使身体向上拔起,拔至脚掌着地;同时,两手自然下垂,随身体摇摆而摆动,目视前方,这个过程是吸气。(图3-220、图3-221)

③接上势不停。站立上拔的瞬间做抖水动作,从头、身到脚全身抖动,肩、臂、肘、手也瞬间抖动,这个过程是呼气。抖动结束后身体自然下沉,全脚着地恢复成自然状态,目视前方。(图3-222)

第三章 传统华佗五禽戏26式

图 3-220 　　　　图 3-221 　　　　图 3-222

【动作要领】

蹲起左右摇身不少于3次，以腰为轴摇身时要左右平衡。全身放松，以腰为轴，抖动要快，抖动时的幅度要小（幅度越小频率越高），使全身瞬间颤动，抖动时手臂要完全放松下来，不要用力，抖动时呼气。起身是慢吸气的过程，抖动是呼气的过程，呼气稍微快点。用头向上领劲，向上拔身体，使脚跟拔起，脚掌着地。

【意境】

意守气海。

【易犯错误】

摇身时不以腰为轴，不能左右平衡摇摆。全身僵硬，放松不下，抖动不自然。只抖抖手或摇摇头或扭扭身等，做不到全身瞬间一起颤动。抖动与呼吸配合不好等。

【功能作用】

下蹲活动胯、膝关节，使腹部得到按摩。以腰椎为轴左右摇动，主要运动肩、胯关节；全身抖动可使全身肌肉、骨骼、五脏六腑都得到放松运动，使人体周身得到放松，可有效地促进血液循环，改善肌体功能。

4. 群鹤净身右式

【动作图解】

①接上式。左脚原地不动，向右转身45°，右脚向右前方迈出一步，脚跟先着地，重心前移，右脚逐步踏实，右腿屈膝前弓站立，左脚跟拔起，脚尖点地，上身微前俯；同时，右手臂向右前下方划弧伸出，鸟指指向右前下方，掌心向下，左手向左后方划弧伸出，鸟指指尖斜向下，掌心向左后方，置于左胯后，目视右前下方，这个过程是吸气。（图3-223~图3-225）

图3-223

图3-224

图3-225

②接上势不停。重心后移，左腿屈膝后坐，右腿随重心后移自然伸直，脚跟着地，脚尖向上，右腿在前成右虚步，上身中正；同时，右手臂向上、向后划弧抽回至右胯旁，左手臂向右前上方划弧，置于头顶上方，手心向右前方，目视右前方，这个过程是呼气。（图3-226、图3-227）

图3-226

图3-227

③接上势不停。两脚原位置不变，重复做①②势动作，连续做3次。重心前后移动3次，左右手臂上下划椭圆3周。最后一次结束时，起身，重心移至左脚，向左转身45°面朝前方，右脚收回与左脚平行，两脚与肩同宽；同时，两手收回下落至两胯旁，目视前方，还原预备势，完成呼吸。（图3-228）

图3-228

动作要领、意境和易犯错误、歌诀、功能作用与群鹤净身左式相同，唯动作方向相反。

5. 摇身抖水右式

【动作图解】

①接上式。两脚原地不动，重心平分于两脚，以腰为轴，左右摇动身体，一边摇身一边两腿屈膝慢慢下蹲；同时，两手自然下垂，随身体摇摆而摆动，目视前方，这个过程是呼气。（图 3-229~图 3-231）

图 3-229

图 3-230

图 3-231

②承上势不停。头先向上领劲，继续以腰为轴，左右摇动身体，一边摇身一边两腿屈膝慢慢站立，并使身体向上拔起，拔至脚掌着地；同时，两手自然下垂，随身体摇摆而摆动，目视前方，这个过程是吸气。（图 3-232、图 3-233）

图 3-232　　　　　　　图 3-233

③接上势不停。站立上拔的瞬间做抖水动作，从头、身到脚全身抖动，肩、臂、肘、手也瞬间抖动，这个过程是呼气。抖动结束后身体自然下沉，全脚着地恢复成自然状态，目视前方。（图 3-234）

图 3-234

动作要领、意境和易犯错误、歌诀、功能作用与摇身抖水左式相同。

6. 降落岩石

【歌诀】

降落岩石上下起，虚领顶劲要引体，
腹式呼吸增肺气，调理三焦益神力。

【动作图解】

①接上式。两脚原地不动，重心平分于两脚，全身放松，全脚踏实，身体中正，头向上领劲；同时，两手臂从下经胸前交叉向上划弧至头顶上方，两手背相对，再向左右分开向下划弧至与肩平，手心向下，目视前方，这个过程是吸气。（图3-235~图3-238）。

图 3-235

图 3-236 　　图 3-237 　　图 3-238

第三章　传统华佗五禽戏 26 式

②接上势不停。两脚原地不动，重心平分两脚，全身放松，全脚踏实，身体中正，双腿屈膝下蹲；同时，两手臂左右舒展随下蹲向下继续划弧至两脚跟旁，手心朝里，鸟指指尖向下，目视前方，这个过程是呼气。（图 3-239）。

图 3-239

③接上势。两脚原地不动，起身站立，引体向上，虚领顶劲，两脚跟原地向上拔起离地，使两脚掌着地；同时；两手臂从下向上左右舒展划弧至头顶上方，手背相对，目视前方，这个过程是吸气。（图 3-240、图 3-241）

图 3-240 　　　　　　图 3-241

④接上势不停。重复做②③动作。即身体上下起落 3 次，两手臂也随身体起落上下舒展划弧 3 次。

第 3 次结束时，重心下移，两脚跟着地，两脚踏实；同时，两手从头顶上方向左右划弧到两胯旁，自然站立。（图3-242、图3-243）

图 3-242 　　　　　　　　图 3-243

【动作要领】

两手臂随身体上下运动，肩、肘、手腕关节要灵活，其劲力是肩带臂、臂驱手。身体上起下蹲要中正，全身放松，一动全动，缓慢进行。两手臂上下舒展划弧不能间断，动作流畅自然并与身体上下起伏配合一致。上起合臂时要收腹提肛；动作与呼吸配合上要做到：起吸落呼，慢吸慢呼（深呼吸），运用逆腹式呼吸法。

【意境】

意想劳宫穴或涌泉穴或气海。

【易犯错误】

下蹲时上身过于前倾，起身上拔时脚跟拔不起；两臂上下运动时僵硬，关节不灵活；两手向上划弧不能达到头顶上方，没有做到收腹提肛,站立不稳等。

【功能作用】

引体向上,两手臂模仿鸟飞至头顶上方,可增加肩、臂的活动量。做逆腹式深呼吸,人为地增加肺活量,可改善心肺功能;同时手三阴三阳经络得到了刺激和疏理。身体上下起蹲,胯、膝关节、肌肉、韧带都得到运动,增强腿部力量;同时胃经、肝经、肾经等疏理改善,脾、胃、肾功能得到了增强。

7. 飞鹤盘旋

【歌诀】

　　　　翱翔姿势分两种,四肢身法各不同,
　　　　练习注意把细节,动作要领要分清;
　　　　左飞提膝跟着地,起伏吸呼缓步行,
　　　　右飞手臂如扁担,脚掌着地疾步行。

(1) 飞鹤盘旋左式

【动作图解】

①接上式。身体向左转90°,重心移至左脚,右脚尖内扣,重心移至右脚,向上拔身,左腿屈膝提起,大腿与地面平行,脚尖自然下垂;同时,两手臂从下向上经胸前交叉划弧,再经头顶上方向左右舒展划弧分开,手心向下,目视左前方,这个过程是吸气。(图3-244、图3-245)

②接上势不停。左脚向左前方迈出一步,脚跟先着地,身体下落,左脚踏实,脚尖微微外摆,重心移至左脚成左弓步,右腿屈膝,小腿与地面平行,前脚掌着地;同时,两手臂划弧

下落至左右两侧，掌心向内，目视左前方，这个过程是呼气。（图 3-246、图 3-247）

图 3-244

图 3-245

图 3-246

图 3-247

③接上势。继续重复①②动作，左脚微微外摆，右脚微微内扣，绕行 6 步走 1 周（如步的足迹划线连成一个五角星话，那么，右脚在原地不变踩在五角星的尖上，先迈左脚为第一

第三章　传统华佗五禽戏 26 式

步，落在五角星的另一个尖上，第二步迈右脚，第三步再迈左脚，以此类推，交替进行，第五步左脚再落到五角星的尖上），两手臂随身体上下起伏而做上下划弧，一步一个起落，双目环视。（图 3-248~图 3-259）

图 3-248

图 3-249

图 3-250

图 3-251

图 3-252

119

传统华佗五禽戏26式

图 3-253

图 3-254

图 3-255

图 3-256

图 3-257

图 3-258

图 3-259

④左脚迈到第五步，右脚迈到第六步时向前跟步为平行步，两脚与肩同宽，面向前方；同时，两手臂舒展从下经胸前交叉向上划弧，右手在外，左手在内，经头顶上方左右分开落至与肩平，手心向下，目视前方。（图3-260~图3-262）

图 3-260 　　　　图 3-261 　　　　图 3-262

【动作要领】

上下肢活动要协调，全身要放松自然，上起吸气，下落呼气，要做深呼吸，慢吸慢呼。迈左脚时要脚尖外摆，迈右脚时要脚尖内扣。飞翔时，劲道是以肩带臂，臂驱手，肘、腕、手指关节要放松。身体上下起落要保持中正，动作要缓行。老年人身体上下起落时可幅度小些，身体不要下落过低，根据自身情况可高架或中架姿势。

【意境】

意想劳宫穴或涌泉穴气海。

【易犯错误】

动作僵硬，身体放松不下。下落时身体前倾不中正。步伐不均匀，做不到外摆内扣，6步不成圆等。

(2) 飞鹤盘旋右式

【动作图解】

①接上式。身体右转45°，右脚尖点地成右虚步；同时，左手臂向上划弧，手高于头部，右手臂向下划弧落至腰侧，两手臂伸直成一条直线，手心朝下，目视右前方。（图3-263）

图 3-263

②接上势。身体继续右转，先迈右脚，绕圈走6步（这个圈比左式圈小，前脚掌的足迹也可划线连成一个五角星话，那么，左脚在原地不变踩在五角星的尖上，先迈右脚为第一步，落在五角星的另一个尖上，第二步迈左脚，第三步再迈右脚，以此类推，交替进行，第五步右脚再落到五角星的尖上），小步快步走，前脚掌着地；同时，两手臂伸直不变，用力向左右伸展，力达手指，双目环视。（图3-264~图3-268）

第三章 传统华佗五禽戏26式

图 3-264　　　　图 3-265

图 3-266　　　图 3-267　　　图 3-268

③右脚迈到第 5 步时落脚，脚尖向前方，第 6 步左脚向前跟步为平行步，两脚与肩同宽，面向前方；同时，两手臂下落于胯侧再从下经胸前交叉向上舒展划弧，左手在外，右手在内，经头上方左右分开，再落至两胯旁，手心向内，指尖向下，目视前方。（图 3-269~图 3-272）

以上动作与呼吸配合是自然呼吸。

图 3-269 　　　　　　　图 3-270

图 3-271 　　　　　　　图 3-272

【动作要领】

两手臂要伸直成一条直线，包括指关节也要伸直，两臂牵拉要产生内张力。左手臂为阳，右手臂为阴（手臂是左高右低）。尽量用小腿走路，前脚掌着地，小步快步走，身体要挺拔。

【意境】

意想劳宫穴或涌泉穴或气海。

【功能作用】

两手臂上下起飞,可增强手臂关节的灵活性,通过手臂伸展牵拉肌腱,刺激和疏理肺经、心经、大肠经、小肠经等,改善心肺功能。单腿站立,一屈一伸,锻炼身体的协调性、平衡性,增强腿部肌肉力量,疏理足阴阳经络,改善周身的气血循环。深呼吸增强肺活量。提膝向前迈步,身体下沉,人体重心转换,使下肢承受的重力不断变化,下肢关节得到了运动,肌腱得到了牵拉,有效地提高腿部力量,增强腿部肌肉的弹力;同时胃经、肾经、膀胱经得到了刺激和疏理,改善脾肾功能。左盘旋动作步法是外摆内扣,屈膝下蹲,刺激胃经、肝经、胆经。右旋动作通过两臂伸直牵拉肌肉和韧带,主要目的是疏理肺经、大肠经、心经等手阴阳经络,达到活血通络;脚掌着地快步走的目的是刺激足上的原穴,疏通脾、胃、肾、肝等经络。

8. 白鹤宿巢

【歌诀】

转体盖步盘腿坐,身体中正臂起落,
起吸落呼意气海,宿巢意收肺安乐。

(1) 白鹤宿巢左式

【动作图解】

①接上式。重心移左脚上,以右脚掌为轴,身体向左转90°,重心再移到右脚,左脚提起向右脚前盖步,脚心向下,脚尖点地,然后落脚成交叉步;同时,两手臂从下经胸前交叉再向头上方划弧,左手臂在外,右手臂在内,划弧至头上方,

手背相对，目视左方，这个过程是吸气。（图3-273）

②接上势不停。两腿屈膝下蹲，左脚尖外展，脚心向下成左歇步；同时，两手臂继续从头顶上方向左右、向下划弧落至左右胯旁，掌心向内，指尖朝下，目视左方，这个过程是呼气。（图3-274）

图3-273

图3-274

③接上势不停。起身，重心移至左脚，以左脚掌为轴，身体向左转180°，右腿屈膝提起，右脚向左脚前盖步，脚心向下，脚尖点地，然后落脚成交叉步；同时，两手臂从下经胸前交叉向上划弧，左手臂在外，右手臂在内，划弧至头顶上方，手背相对，双目随转体环视后再平视右方。这个过程是吸气。（图3-275）

④接上势不停。两腿屈膝下蹲，右脚尖外展，脚心向下右成歇步；同时，两手臂继续从头上方向左右、向下划弧落至左右胯旁，掌心向内，指尖朝下，目视右方，这个过程是呼气。（图3-276）

第三章　传统华佗五禽戏 26 式

图 3-275 　　　　　　　图 3-276

⑤接上势不停。起身,重心移至右脚,以右脚掌为轴,继续向左转体 90°,左腿屈膝提起,脚尖向下;同时,两手臂从下经胸前交叉向上划弧,左手臂在外,右手臂在内,划弧至头顶上方,手背相对,双目随转体环视后再向前平视。这个过程是吸气。(图 3-277、图 3-278)

图 3-277 　　　　　　　图 3-278

127

⑥接上势不停。左脚向左侧落地与右脚平行，两脚与肩同宽；同时，两手臂从头上方继续向左右、向下划弧落到两胯旁，手心朝里，指尖向下，目视前方。这个过程是呼气。（图3-279）

(2) 白鹤宿巢右式

【动作图解】

①接上式。重心移至右脚，以左脚掌为轴身体向右转90°，重心再移到左脚，右脚提起向左脚前插步，脚心向下，脚尖点地，然后落脚成交叉步；同时，两手臂从下经胸前交叉向头上方划弧，左手臂在内，右手臂在外，划弧至头顶上方，手背相对，目视右方，这个过程是吸气。（图3-280）

图 3-279

图 3-280

第三章 传统华佗五禽戏 26 式

②接上势不停。两腿屈膝下蹲，右脚尖外展，脚心向下成右歇步；同时，两手臂继续从头上方向左右、向下划弧落至左右胯旁，掌心向内，指尖朝下，目视右方，这个过程是呼气。（图 3-281）

③接上势不停。起身，重心移至右脚，以右脚掌为轴，身体向右转 180°，左腿屈膝提起，左脚向右脚前插步，脚心向下，脚尖点地，然后落脚成交叉步；同时，两手臂从下经胸前交叉向上划弧，左手臂在内，右手臂在外，划弧至头顶上方，手背相对，双目随转体环视后再平视左方，这个过程是吸气。（图 3-282）

④接上势不停。两腿屈膝下蹲，左脚尖外展，脚心向下左成歇步；同时，两手臂继续从头上方向左右、向下划弧落至左右胯旁，掌心向内，指尖朝下，目视左方，这个过程是呼气。（图 3-283）

图 3-281

图 3-282

图 3-283

⑤接上势不停。起身，重心移至左脚，以左脚掌为轴，继续向右转体90°，右腿屈膝提起，脚尖向下；同时，两手臂从下经胸前交叉向上划弧，左手臂在内，右手臂在外，划弧至头顶上方，手背相对，双目随转体环视后再向前平视。这个过程是吸气。（图3-284、图3-285）

图 3-284

图 3-285

⑥接上势不停。右脚向右侧落地与左脚平行、两脚与肩同宽；同时，两手臂从头上方继续向左右、向下划弧落到两胯旁，手心朝里，指尖向下，目视前方，这个过程是呼气。（图3-286）

【动作要领】

全体放松，起吸落呼。左宿巢先左插步，随转体右插步，右宿巢插步相反。下蹲坐盘要缓、要稳。转体步

图 3-286

法要灵活，转体与手脚要协调，上身保持中正。

【意境】

意守劳宫穴或涌泉穴或气海。

【易犯错误】

转身时手脚不协调，下蹲坐盘时上身前倾，歇步不规范等。

【功能作用】

两手臂上下起飞，腹式呼吸，增强肺活量，改善肺气，牵拉上肢肌肉关节，增强其灵活性，刺激手阴阳经络；屈膝盘腿下坐，牵拉下肢肌肉关节，增强其灵活性，刺激足阴阳经络。

引气归原

【歌诀】

自然站立双臂起，起吸落呼调神气，
引气归原丹田溢，调息调心调身体。

【动作图解】

①接上式。自然站立，两脚平行与肩同宽，重心平分于两脚；两手臂从两胯旁侧掌向左右、向上划弧抬起至头顶上方，掌心向前，目视前方，这个过程是吸气。（图3-287、图3-288）

②接上势不停。两脚原地不动，手臂外旋，掌心相对，然后两臂屈肘，两掌内合下按至腹前（丹田处），手心向下，然后自然垂于体侧，目视前方，这个过程是呼气。（图3-289、图3-290）

图 3-287 　　　　　　　图 3-288

图 3-289 　　　　　　　图 3-290

以上①②重复做3次。

【动作要领】

　　全身放松，自然站立，双臂划圆动作如行云流水，连绵不断。双臂划圆要逆腹式呼吸。呼吸时要慢吸慢呼，深度呼吸。

【意境】

意守气海（气沉丹田）或使元气小周天运行或大周天运行。

【易犯错误】

双臂划圆动作僵硬，全身未能放松等。

【功能作用】

全身放松，双臂划圆，动作舒缓，可使身心进一步放松，缓解运动中产生的疲劳。腹式深呼吸，调节肺气，引气归田，有助于身心调节，心情愉悦，恢复安静，收敛习性，巩固练功效果。

收势

【动作图解】

搓手：接上式。两手向前合掌搓手，至手心发热。（图3-291）

浴面（干洗脸）：掌贴面部，上下擦摩，6~9遍。（图3-292）

图 3-291　　　　　　图 3-292

干梳头：两手变成虎爪，用十指梳理头发，十指要用力按摩头皮，从前向后 6~9 遍。（图 3-293）

图 3-293

捶腰：两手攥空拳，捶打腰眼数次（一般 9 次以上）。（图 3-294、图 3-294 附图）。

图 3-294 　　　　　　图 3-294 附图

击腹：两手变成虎爪，用指尖叩击敲打小腹部（丹田穴周围，一般9次以上）。（图3-295）

左脚向右脚靠拢，同时，两手臂向前搂气两手叠加于腹前，男左手在内右手在外，女右手在内左手在外，目视前方。（图3-296）

以上动作与呼吸配合上均是自然呼吸。

图3-295　　　　　　　　图3-296

附录：经络图

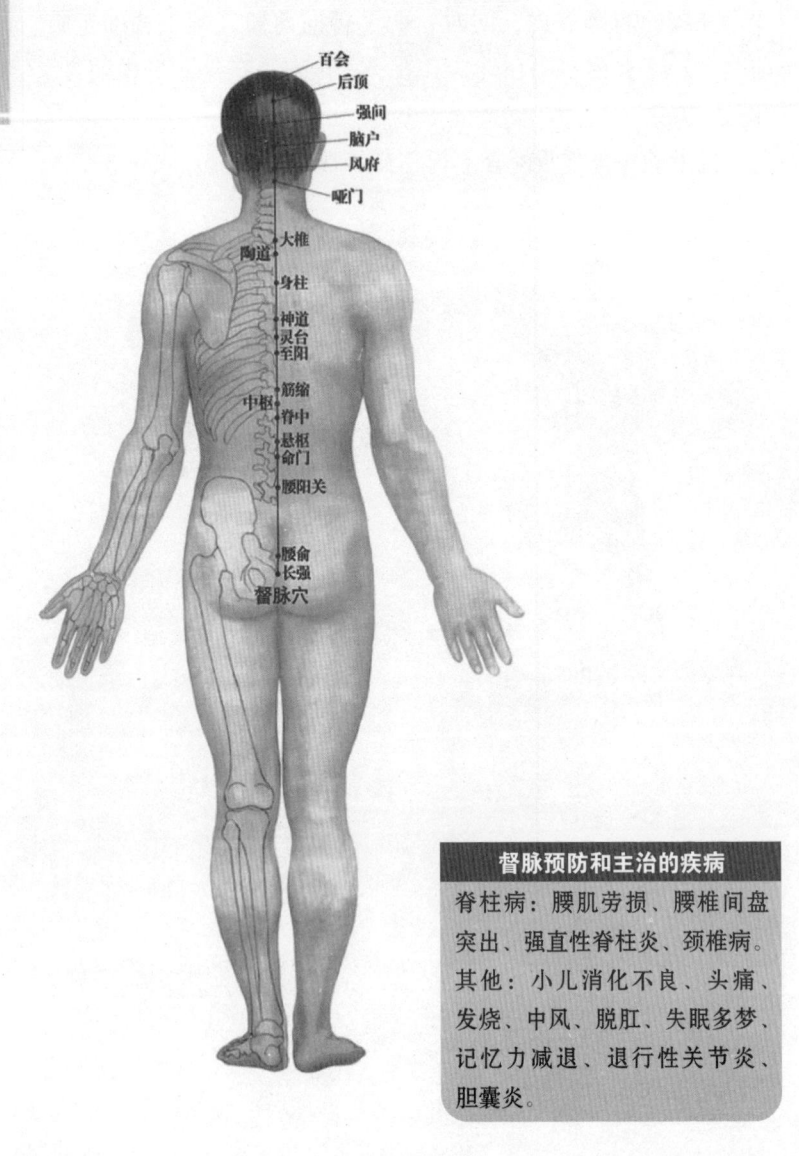

穴位标注（自上而下）：百会、后顶、强间、脑户、风府、哑门、大椎、陶道、身柱、神道、灵台、至阳、筋缩、中枢、脊中、悬枢、命门、腰阳关、腰俞、长强、督脉穴

督脉预防和主治的疾病

脊柱病：腰肌劳损、腰椎间盘突出、强直性脊柱炎、颈椎病。

其他：小儿消化不良、头痛、发烧、中风、脱肛、失眠多梦、记忆力减退、退行性关节炎、胆囊炎。

附录：经络图

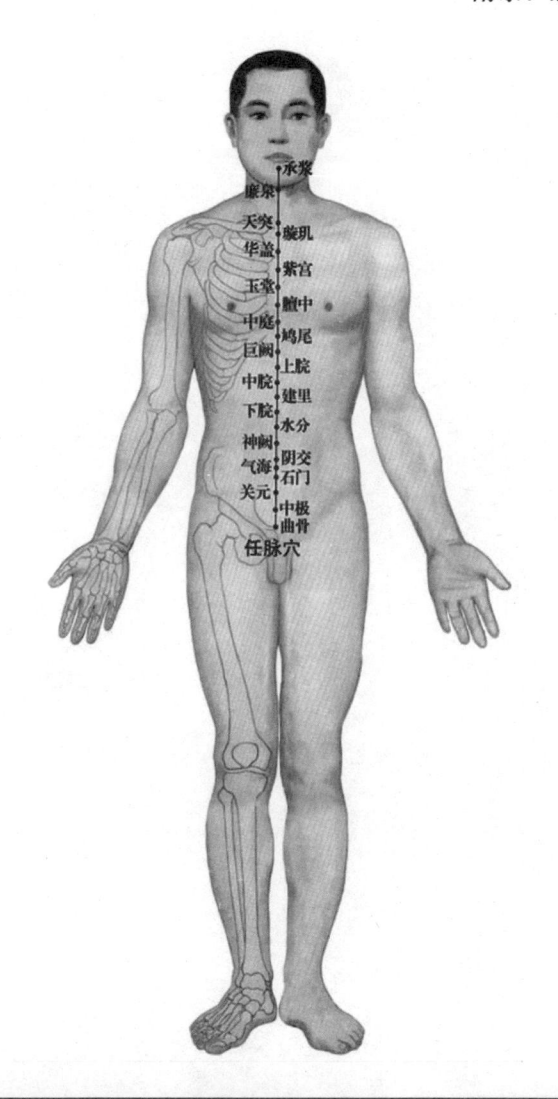

穴位（自上而下）：承浆、廉泉、天突、璇玑、华盖、紫宫、玉堂、膻中、中庭、鸠尾、巨阙、上脘、中脘、建里、下脘、水分、神阙、阴交、气海、石门、关元、中极、曲骨、任脉穴

任脉预防和主治的疾病

泌尿生殖系统：前列腺炎、阳痿、早泄、盆腔炎、附件炎、白带病。
消化系统：胃痛、消化不良、胃溃疡。
其他：失眠、胸闷气短、腰痛。

传统华佗五禽戏26式

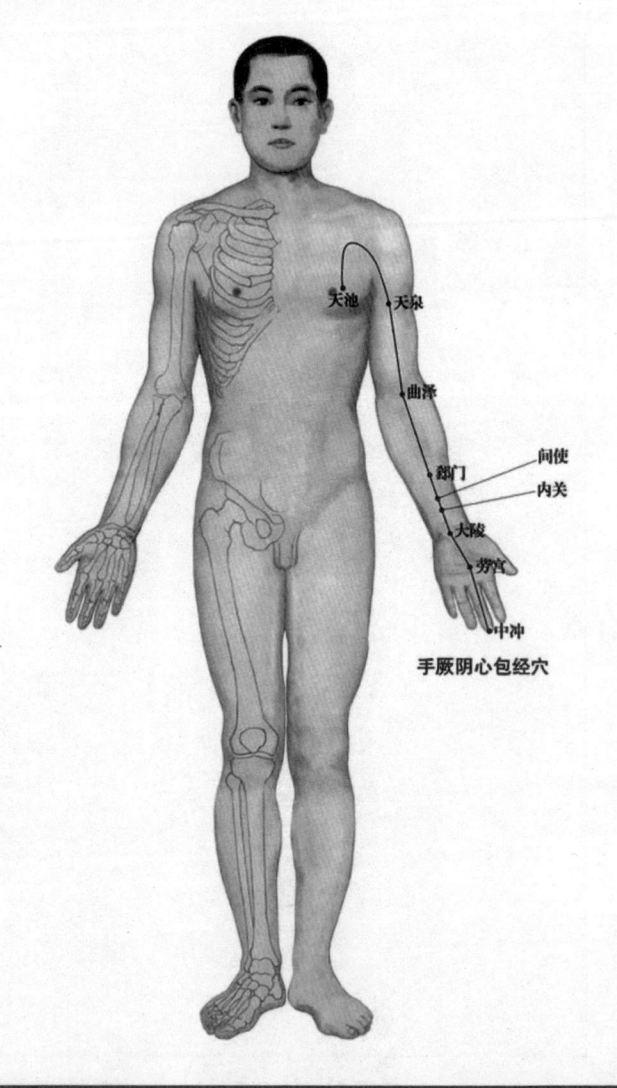

天池　天泉
曲泽
郄门　间使
　　　内关
大陵
劳宫
中冲

手厥阴心包经穴

手厥阴心包经预防和主治的疾病

心血管系统：心慌、心动过缓、心动过速、心绞痛、心肌缺血、胸闷。
其他：恶心、呕吐、抑郁症、中暑、休克、小儿惊风、胃痛胃胀，经脉所过的关节肌肉痛。

附录：经络图

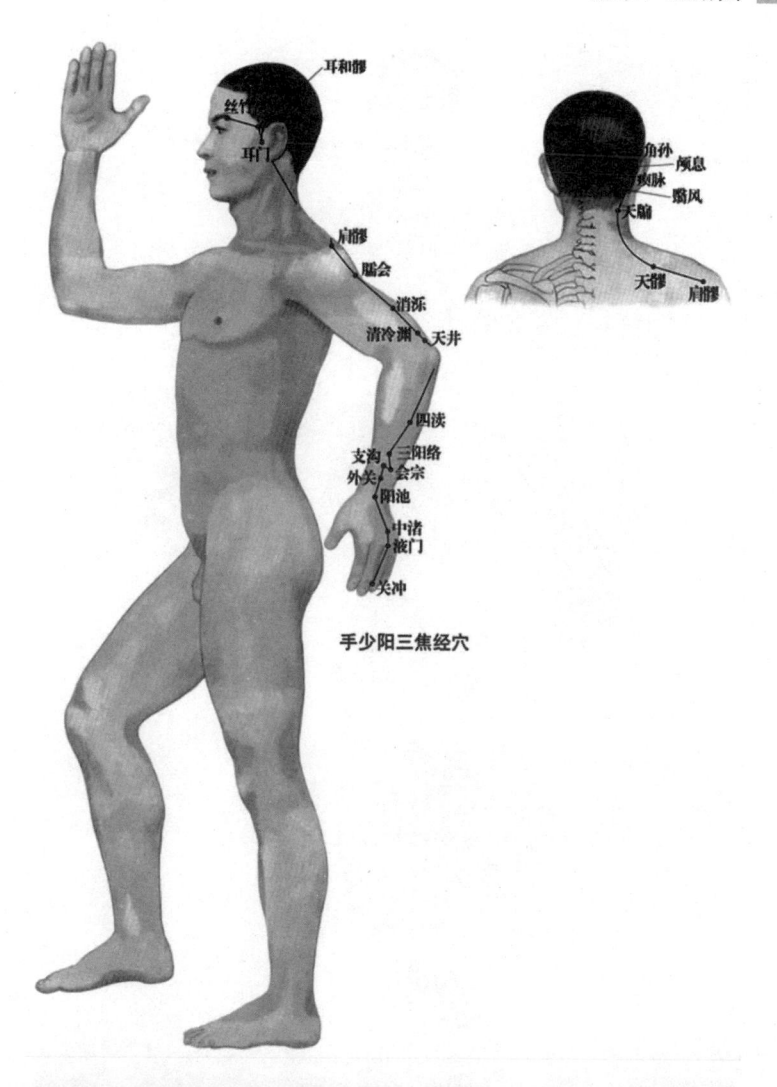

手少阳三焦经穴

手少阳三焦经预防和主治的疾病

五官病：耳鸣耳聋、腮腺炎、偏头痛、面神经炎、面肌痉挛。

其他：肋间神经痛、便秘、感冒、中风后遗症、肘关节屈伸不利，经脉所过的关节和肌肉软组织病。

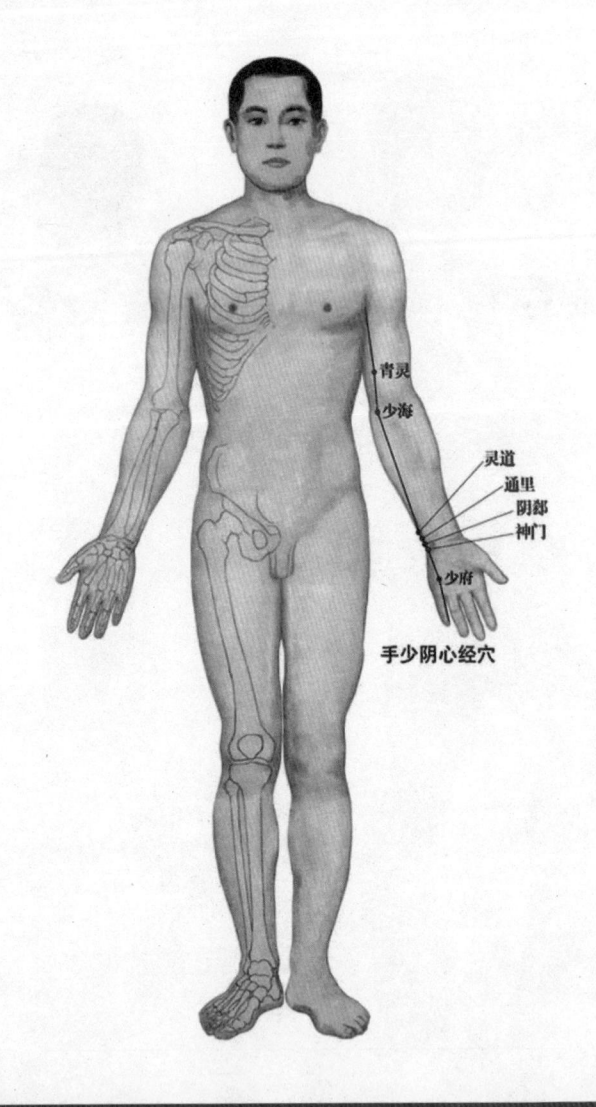

手少阴心经穴

手少阴心经预防和主治的疾病

心血管病：冠心病、心绞痛、心动过缓、心动过速、心肌缺血、心慌。
精神疾病：失眠健忘、神经衰弱、精神分裂、癫痫、神经官能症。
其他：经脉所过的肌肉痛、肋间神经痛。

附录：经络图

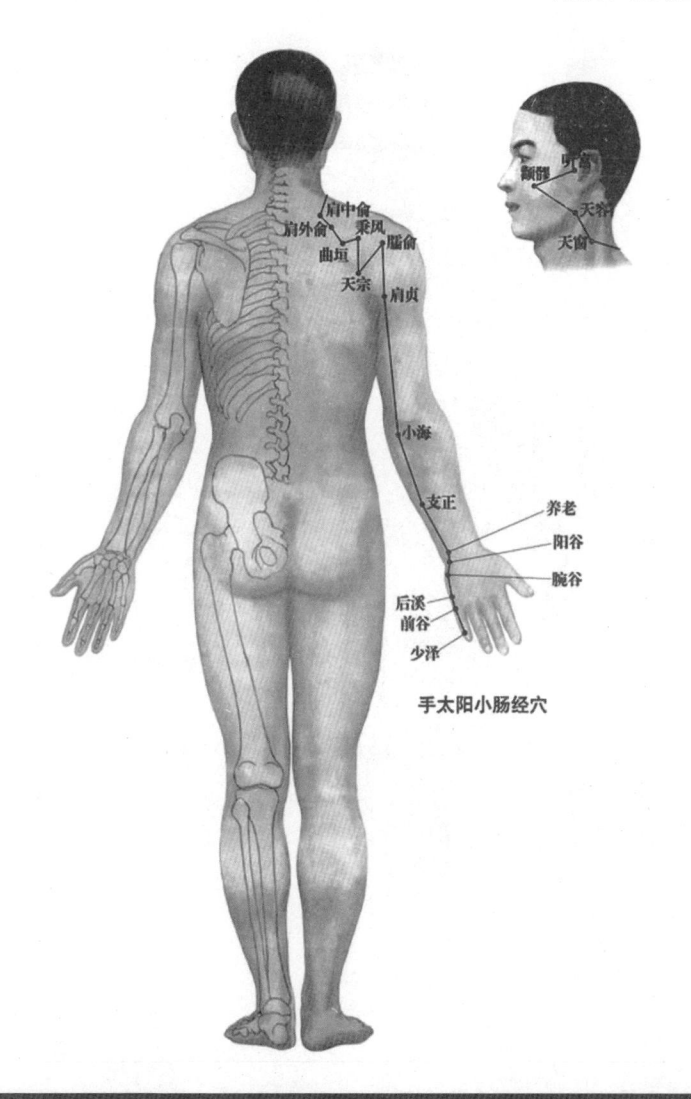

手太阳小肠经穴

手太阳小肠经预防和主治的疾病
五官病：咽痛、眼痛、耳鸣耳聋、中耳炎、腮腺炎、扁桃体炎、角膜炎、头痛。
其他：腰扭伤、肩痛、落枕、失眠、癫痫、经脉所过关节肌肉痛。

141

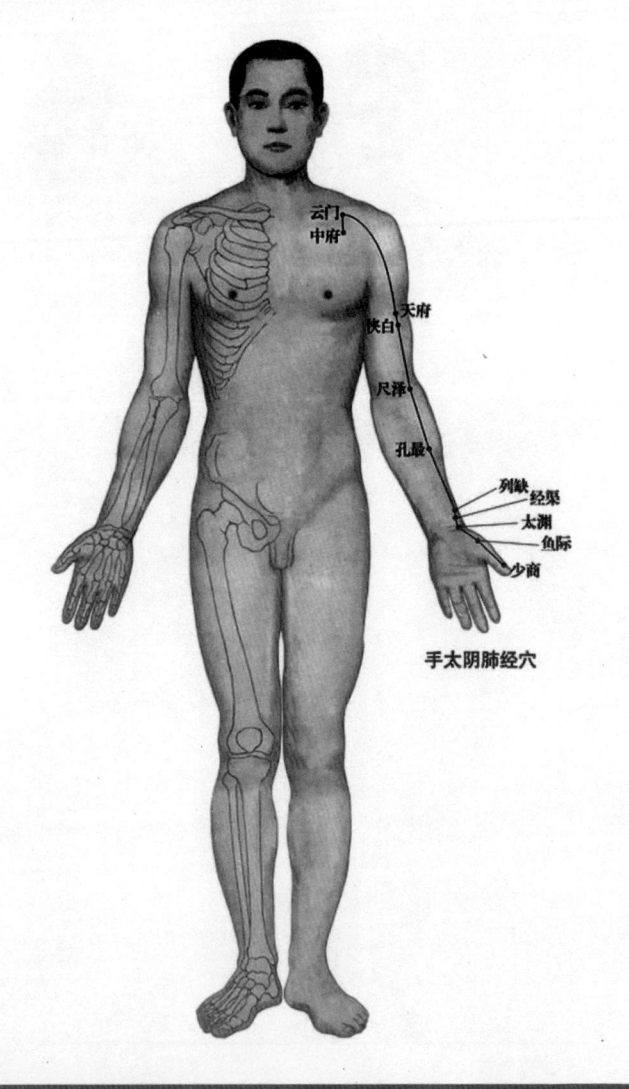

手太阴肺经穴

手太阴肺经预防及主治的疾病

呼吸系统疾病：各种急慢性气管炎、支气管炎、哮喘、咳嗽、咳血、胸痛。
五官病：急慢性扁桃体炎、急慢性咽炎、咽痛、鼻炎、流鼻血。
其他：经脉所过的关节屈伸障碍、肌肉疼。

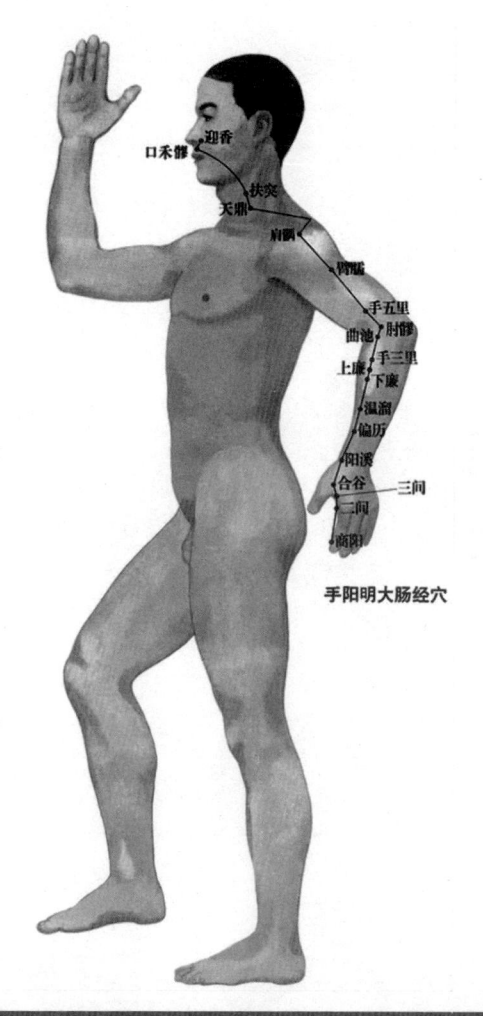

附录：经络图

手阳明大肠经穴

手阳明大肠经预防及主治的疾病

呼吸道疾病：感冒、支气管炎、发烧、头疼、咳嗽。
头面疾病：头疼、面神经炎、面肌痉挛、面瘫、牙疼、麦粒肿、结膜炎、角膜炎、耳鸣、耳聋、三叉神经痛、鼻炎、鼻塞。
其他：颈椎病、皮肤瘙痒、神经性皮炎、荨麻疹、经脉所过的关节活动障碍。

143

传统华佗五禽戏26式

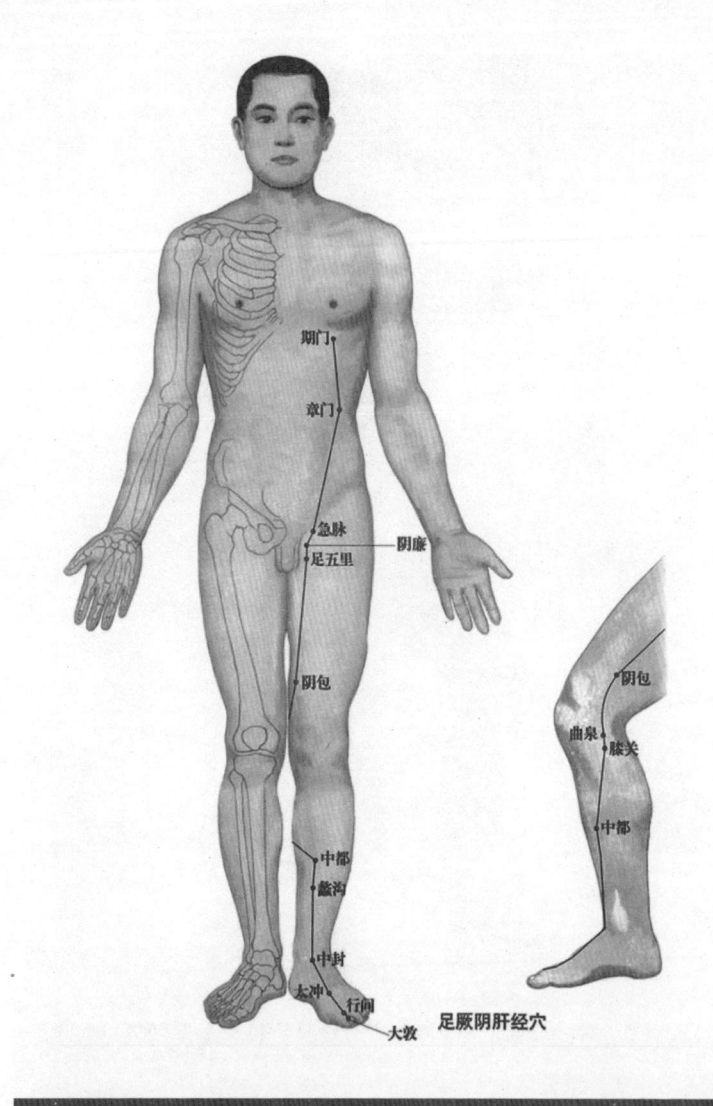

足厥阴肝经穴

足厥阴肝经预防和主治的疾病

生殖系统疾病：痛经、闭经、月经不调、盆腔炎、前列腺炎、疝气。
肝胆病：各种急慢性肝炎、急慢性胆囊炎、肝脾肿大、抑郁症。
其他：头顶痛、头晕眼花、各种眩晕、癫痫，胃痛等。

附录：经络图

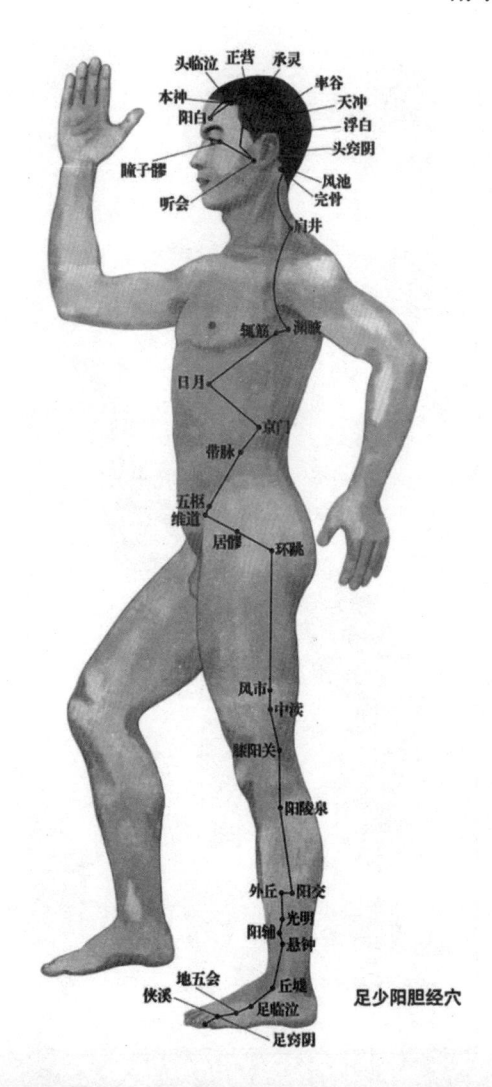

足少阳胆经穴

足少阳胆经预防和主治的疾病

肝胆病：急慢性胆囊炎、胆绞痛、各种慢性肝炎。
头面五官病：头昏、偏头痛、面神经炎、面神经麻痹、耳鸣、耳聋、近视。
其他：感冒、发热、咽喉肿痛、胁下疼、经脉所过处的肌肉疼。

145

传统华佗五禽戏26式

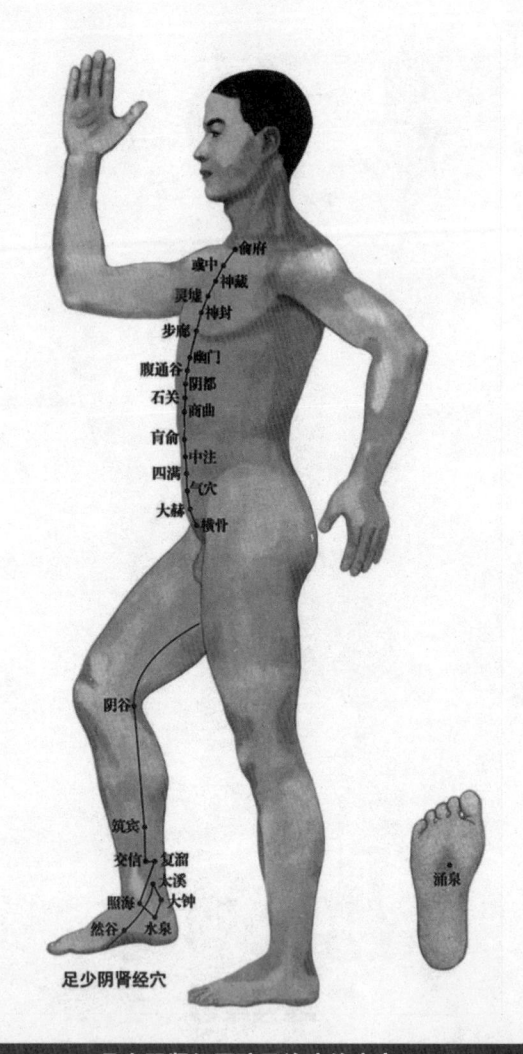

足少阴肾经预防及治疗的疾病

泌尿生殖系统：急慢性前列腺炎、阳痿、早泄、遗精、术后尿潴留、睾丸炎、痛经、月经不调、盆腔炎、附件炎、胎位不正、各种肾炎、水肿。
头面疾病：头痛、牙痛。
其他：消化不良、泄泻、耳鸣耳聋、腰痛、中风、休克、经脉所过的各种关节肌肉软组织病。

附录：经络图

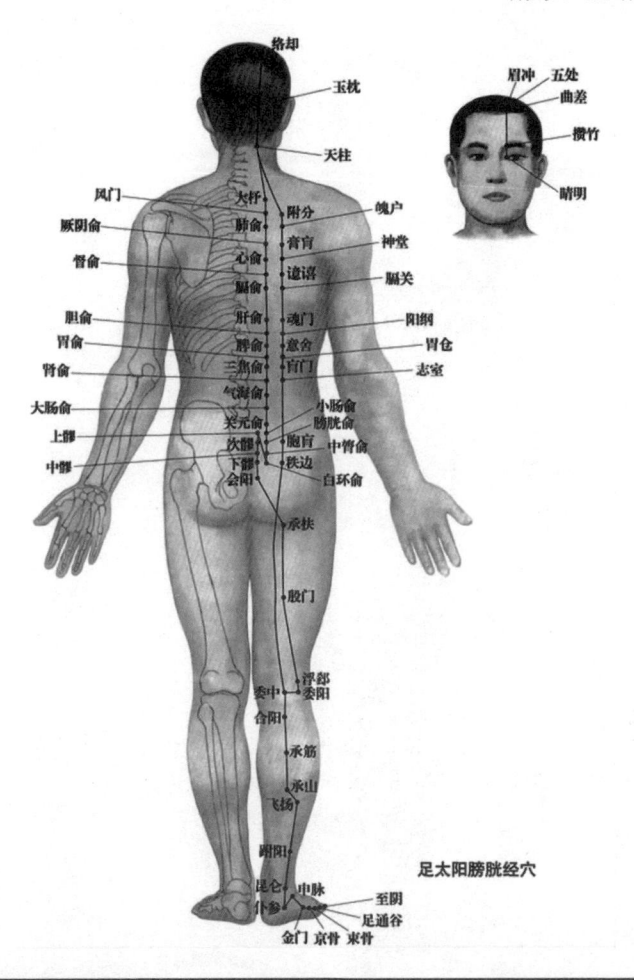

足太阳膀胱经穴

足太阳膀胱经预防和主治的疾病

呼吸系统：感冒、发烧、各种急慢性支气管炎、哮喘、肺炎。
消化系统：消化不良、腹痛、痢疾、胃及十二指肠溃疡、胃下垂、急慢性胃肠炎、肝炎、胆囊炎。
泌尿生殖系统：肾炎、阳痿、睾丸炎、闭经、月经不调、痛经、盆腔炎、附件炎、宫颈糜烂。
其他疾病：失眠、腰背痛、坐骨神经痛、中风后遗症、关节炎，经脉所过的肌肉痛。

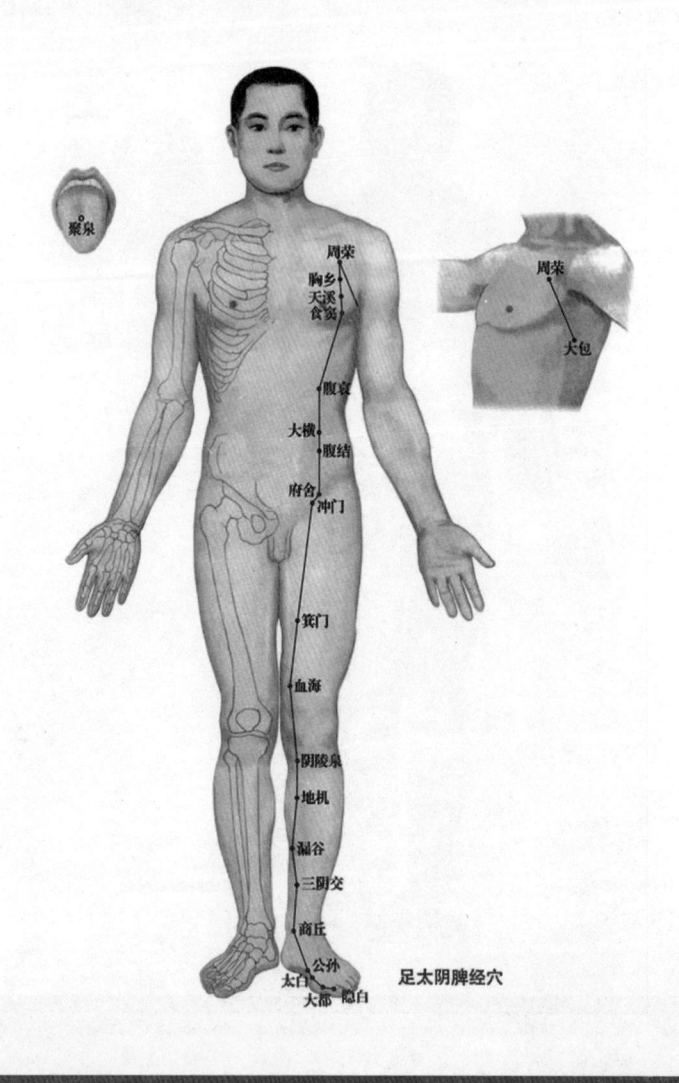

足太阴脾经穴

足太阴脾经预防及主治的疾病

消化系统疾病：消化不良、泄泻、痢疾、便秘。
妇科病：痛经、月经不调、闭经、月经提前或错后、盆腔炎、附件炎。
男科：急慢性前列腺炎、水肿。
其他：周身不明原因疼痛、关节炎、经脉所过的肌肉软组织疾病。

附录：经络图

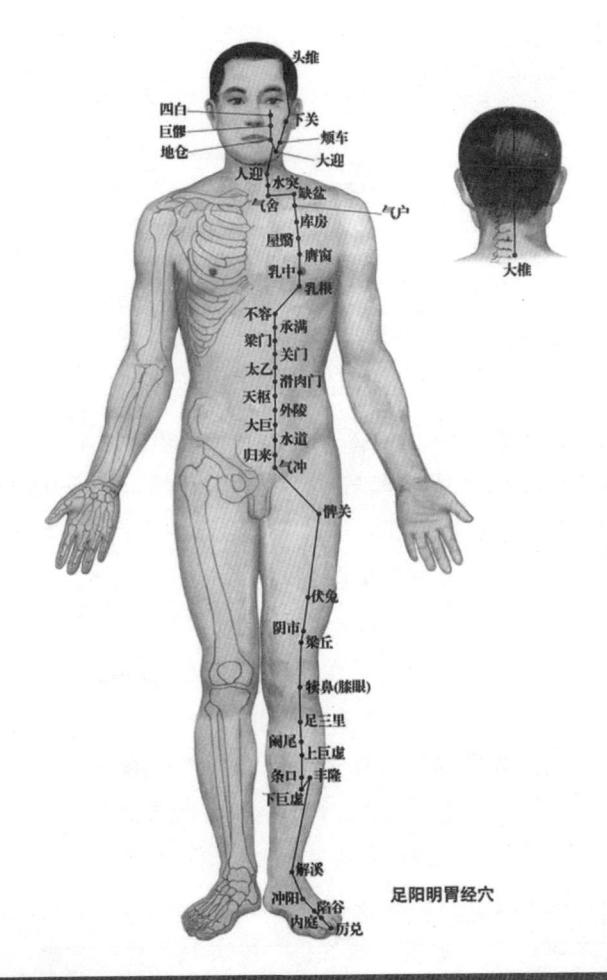

足阳明胃经穴

足阳明胃经预防及主治的疾病

胃肠道疾病：小儿腹泻、胃胀、胃疼、胃下垂、急性胃痉挛、胃炎、胃神经官能症、胃及十二指肠溃疡、消化不良、食欲不振、便秘、泄泻、痢疾、胃肠蠕动过慢。
头面疾患：痤疮、黄褐斑、头痛、眼痛、牙疼、面神经麻痹、腮腺炎、咽炎。
其他：中风偏瘫后遗症、慢性阑尾炎、乳腺增生、白细胞减少症、经脉所过的关节肌肉病。

后　记

　　我们利用工作之暇对《传统华佗五禽戏26式》的整理工作终于告一段落了，我们俩不是养生方面的专才，只是对中国传统文化的爱好。我们俩从小学到高中同班同学，高中毕业后，80年代初招干都分配到原亳县核桃林场，一个从事财政工作，一个从事计划生育工作。因从小有共同爱好喜欢武术运动走到了一起，随着年龄增长逐渐爱上了养生运动，在我养生练习过程中，虚心向各门派老前辈求教，阅读和研究了大量的关于养生的书籍，掌握了科学的锻炼方法。1990年春，我们同时拜华佗五禽戏传人董文焕恩师学习五禽戏，二十多年未间断，由于我们苦学苦练，备受恩师的褒奖。2005年，我们和恩师及同门师兄弟发起组建亳州市传统华佗五禽戏俱乐部，成为中国第一家华佗五禽戏专业俱乐部。俱乐部成立后，因我们俩工作积极主动，被恩师任命为俱乐部顾问和俱乐部秘书长，为五禽戏的传承与发展打造平台。俱乐部工作在多方面支持下，开展的有声有色，多次受到当地政府部门的表彰，为华佗五禽戏的申报非物质文化遗产做出了大量工作，经不懈努力，在各级党委和政府的高度重视下，华佗五禽戏于2011年5月被国务院批准为国家级非物质文化遗产，恩师于2012年也被文化部命名为国家级非物质文化遗产代表性传承人。恩师去世后，修海燕被推选为俱乐部的负责人，俱乐部在我们领导下，

后 记

致力于华佗五禽戏的传承与发展，由于工作成绩卓著，俱乐部于2013年3月被安徽省文化厅批准为"安徽省非物质文化遗产传习基地"，同年同月，周金钟被安徽省文化厅命名为省级非物质文化遗产代表性传承人。几十年对华佗五禽戏的传承，积累了大量文化财富，整理的五禽戏方面的资料约有50多万字，图片资料几千张，视频资料上千G。

神医华佗创编的五禽戏养生功法，开辟了世界体育医疗之先河，千百年来使众多的练习者获得身心健康，故而流传至今。

为继承发展千年导引养生术、神医华佗五禽戏的神威，惠济人类，使中华传统养生文化这一非物质文化遗产发扬光大，促进体育医疗事业的蓬勃发展，在保留传统华佗五禽戏的原貌的基础上，进行了必要的补充和完善，使传统华佗五禽戏这一国家级非物质文化遗产惠及人类。

在亳州市委书记汪一光，亳州市人大常委会主任王玉玺、副主任马昭华，亳州市政协主席汤涌，市委宣传部常务副部长修薇女士，安徽省文化厅非遗处处长汪顶胜、副处长谢险峰、副调研员左金刚；安徽省非物质文化遗产保护中心主任黄先有先生、副主任俞勇、研究部胡迟主任、办公室（保护部）支云秀主任、傅茂林副主任；亳州市体育局张培阳局长，原亳州市技术监督局局长、华佗五禽戏协会顾问赵心安；亳州市文化旅游局雅浩海局长；亳州市武术协会主席蒋召和等各界领导的关心和大力支持下，才使本书得以顺利出版，在此表示衷心的感谢！

在本书的创作过程中，还得到了恩师董文焕家人、同门师兄弟、爱女周易、爱婿高福润和弟子王伟、赵丹丹、王鹏、葛素勤、李静、怀凯、赵信、何静、李艳利、齐馨、佟战胜、杨边防、郭红涛、郭雨、孙三超、刘宽宽、白绍阳、任振雷、魏冰辰、程飞跃、马金龙、王龙海、郑大力、宋东峰、安海龙、史东东、周筠等人的大力支持；闫山、吴坤、赵方丽、张睿、修珍珍、孙恒波、张淑云等人及我们的同事在摄像、编排、修改、校对、工作、生活等方面的帮助和支持，在此表示衷心的感谢！

在写作过程中，由于时间和水平有限，不足之处，在所难免，敬请各位专家、读者指正。

为了更好地方便广大读者学习好华佗五禽戏，请读者登陆"中国五禽戏养生网（www.wqxys.cn/www.wqxys.com）"，从网上可以下载作者展示的的华佗五禽戏视频；也可以通过作者的手机、信箱、微博、微信、QQ或在互联网上搜索周金钟、修海燕，均可与作者交流。作者周金钟的手机号：15856776166，18656707666；QQ：391589734；电子信箱：zhjinzh@163.com。